SAFETY FILM 5035
AU BON CA
RIST
DE VIVRE
DANS LE
CGT

Μνήμες του δρόμου
Street Memories

ΕΠΙΣΤΗΜΟΝΙΚΗ ΕΠΙΜΕΛΕΙΑ | SCIENTIFIC EDITING
Βαγγελης Αθανασοπουλος | Vangelis Athanassopoulos

ΕΠΙΜΕΛΕΙΑ ΕΚΘΕΣΗΣ | EXHIBITION CURATION
Βαγγελης Αθανασοπουλος | Vangelis Athanassopoulos

ΣΥΝΤΟΝΙΣΜΟΣ | COORDINATION
Μαρινα Τσουλου | Marina Tsoulou

ΜΕΤΑΦΡΑΣΕΙΣ ΚΕΙΜΕΝΩΝ | TEXT TRANSLATION
Λιλια Ψαρρου | Lilia Psarrou

ΠΑΡΑΓΩΓΗ ΚΑΤΑΛΟΓΟΥ | CATALOG PRODUCTION
Indigo Graphics

Ο κατάλογος εκδόθηκε τον Νοέμβριο του 2022 στην Αθήνα
για λογαριασμό του Ιδρύματος Παναγιώτη και Έφης Μιχελή
με την ευκαιρία της έκθεσης «Μνήμες του δρόμου».

The catalog was published in November 2022 in Athens
on behalf of the Panayotis & Effie Michelis Foundation
on the occasion of the *Street Memories* exhibition.

ISBN 978 960 7588 00 5

ΙΔΡΥΜΑ ΠΑΝΑΓΙΩΤΗ ΚΑΙ ΕΦΗΣ ΜΙΧΕΛΗ | THE PANAYOTIS & EFFIE MICHELIS FOUNDATION
Βασιλίσσης Σοφίας 79, 11521 Αθήνα | 79 Vas. Sofias Avenue, 11521 Athens, Greece
T. & F.: (+30) 210 7218626 | e-mail:.info@michelisfoundation.gr
www.michelisfoundation.gr

Με τη συνεργασία | with the collaboration | :

Κέντρο Ερευνών & Μελετών του Πανεπιστημίου Κρήτης
ΚΕΜΕ-ΠΚ
για τις Ανθρωπιστικές, τις Κοινωνικές & τις Επιστήμες της Αγωγής

Οπ.Αν.Ε.Μ.Κ.
Εργαστήριο Οπτικής Ανθρωπολογίας: Εικόνα-Μουσική-Κείμενο
Laboratory of Visual Anthropology: Image, Music, Text

Μνήμες του δρόμου

Η διαδήλωση ως πολιτισμική παραγωγή
μέσα από τις φωτογραφίες του αρχείου Serge Collet

Street Memories

Demonstrations as cultural production
through the photographs of the Serge Collet archive

ΙΔΡΥΜΑ ΠΑΝΑΓΙΩΤΗ & ΕΦΗΣ ΜΙΧΕΛΗ
THE PANAYOTIS & EFFIE MICHELIS FOUNDATION
ΑΘΗΝΑ 2022 / ATHENS 2022

The Michelis Chair at the Department of Philosophy and Social Studies at the University of Crete in Rethymno was instituted in 1997 and first filled in the 1998–1999 academic year. It focuses exclusively on teaching the Aesthetics and Philosophy of Art.

Twenty-five years later, it still constitutes an innovation, from a Greek perspective, for a university institution to establish a special position for the teaching of aesthetics—in the name of an eminent theoretician and philosopher such as Panayotis Michelis—and for such a position to be exclusively funded by a private entity.

In recognition of the contribution of the Foundation and wishing to honor the memory of Panayotis and Effie Michelis, the Department of Philosophy and Social Studies of the School of Philosophy at the University of Crete organized a symposium on "Aesthetics and Art: Interdisciplinary Approaches" in 2005. On the occasion of the symposium, the renovated "Michelis Hall" was inaugurated as the official conference room of the department.

In all these years, the collaboration of the Foundation and the Department of Philosophy and Social Studies was not limited to the endowment of the position, but also included other academic activities, such as co-organizing workshops and conferences or publishing scholarly manuals and conference proceedings.

The current exhibition presents the product of archival research (on the Serge Collet archive), which the philosophy professor Vangelis Athanassopoulos took the initiative to conduct at the Laboratory of Visual Anthropology "Image, Music, Text" of the Department of Philosophy and Social Studies, while holding the Michelis Chair and teaching Aesthetics at the same time.

The Board of Directors of the Foundation welcomes this initiative and hopes it will lead to similar research projects.

November 2022
THE P. & E. MICHELIS FOUNDATION

Η «Θέση Μιχελή» στο Τμήμα Φιλοσοφικών και Κοινωνικών Σπουδών του Πανεπιστημίου Κρήτης, στο Ρέθυμνο, θεσμοθετήθηκε το 1997 και άρχισε να λειτουργεί οργανικά το ακαδημαϊκό έτος 1998-1999. Αποκλειστικό της αντικείμενο διδασκαλίας είναι η Αισθητική και η Φιλοσοφία της τέχνης.

Η θέσπιση ειδικής θέσης για τη διδασκαλία της αισθητικής από ένα πανεπιστημιακό ίδρυμα —στο όνομα ενός σπουδαίου θεωρητικού και φιλοσόφου όπως ο Παναγιώτης Μιχελής— και η αποκλειστική χρηματοδότηση μιας τέτοιας θέσης από ιδιωτικό φορέα αποτελούν ακόμη και σήμερα, 25 χρόνια μετά, καινοτομία για την ελληνική πραγματικότητα. Το Τμήμα ΦΚΣ της Φιλοσοφικής Σχολής του Πανεπιστημίου Κρήτης, σε ένδειξη αναγνώρισης της προσφοράς του Ιδρύματος και επιθυμώντας να τιμήσει τη μνήμη του Παναγιώτη και της Έφης Μιχελή, οργάνωσε το 2005 συμπόσιο με θέμα «Αισθητική και Τέχνη: Διεπιστημονικές προσεγγίσεις». Με την ευκαιρία του Συμποσίου η ανακαινισμένη «Αίθουσα Μιχελή» εγκαινιάστηκε ως επίσημη αίθουσα συνεδριάσεων του Τμήματος.

Σε όλα αυτά τα χρόνια η συνεργασία του Ιδρύματος με το Τμήμα Φιλοσοφικών και Κοινωνικών Σπουδών δεν περιορίστηκε στη χρηματοδότηση της θέσης αλλά περιέλαβε και άλλες επιστημονικές δραστηριότητες, όπως τη συνδιοργάνωση ημερίδων και συνεδρίων, ή την έκδοση επιστημονικών εγχειριδίων και πρακτικών συνεδρίων.

Στην παρούσα έκθεση παρουσιάζεται το προϊόν της έρευνας αρχείου (αρχείο Serge Collet) που πήρε την πρωτοβουλία να διεξαγάγει ο Καθηγητής Φιλοσοφίας Βαγγέλης Αθανασόπουλος στο Εργαστήριο Οπτικής Ανθρωπολογίας «Εικόνα, Μουσική, Κείμενο» του Τμήματος Φιλοσοφικών και Κοινωνικών Σπουδών, ενώ παράλληλα δίδασκε Αισθητική στη «Θέση Μιχελή».

Το Διοικητικό Συμβούλιο του Ιδρύματος χαιρετίζει αυτή την πρωτοβουλία και ευελπιστεί ότι θα αποτελέσει έναυσμα για ανάλογες ερευνητικές εργασίες.

Νοέμβριος 2022
ΙΔΡΥΜΑ Π. & Ε. ΜΙΧΕΛΗ

The collaboration of the Panayotis & Effie Michelis Foundation with the Department of Philosophy and Social Studies of the University of Crete dates back to 1997, when the Michelis Foundation enriched the curriculum of the Department of Philosophy by endowing the Michelis Fellowship for the Teaching of Aesthetics and Philosophy of Art. This was a pioneering initiative in Greek academia, since it introduced the institution of the endowed Chair to Greece, and made it possible to invite eminent scholars from Greece and abroad, such as Georgia Apostolopoulou, Alexander Phoebus Mourelatos, Linos Benakis, Pavlos Christodoulidis, John Glucker, etc. In addition, this institution also provided young promising researchers with the opportunity to teach and present their work to the students of the Department. The collaboration with the Michelis Foundation was consolidated in the following decades and expanded to include sponsoring scholarships for postgraduate studies abroad as well as co-organizing academic conferences, and art exhibitions and publications. In recognition of the Foundation's contribution to the University of Crete, the main conference room of the Department of Philosophy and Social Studies was named the "Panayotis Michelis Hall".

On the occasion of the completion of 25 years, we would like to express our gratitude to the Michelis Foundation for an extremely productive collaboration, which constitutes a model partnership between a private non-profit foundation and a university institution. We look forward to further developing and strengthening the synergies between the Michelis Foundation and the Department of Philosophy and Social Studies, not only in teaching but also in researching the field of Aesthetics and Philosophy of Art.

The current exhibition constitutes part of the Visual Anthropology Laboratory's research on the Serge Collet Archive and is organized by the Michelis Foundation and the Department of Philosophy and Social Studies. We welcome this creative initiative and hope for the continuation and further advancement of the fruitful collaboration between the Panayotis & Effie Michelis Foundation and the University of Crete.

The Head of the Department of Philosophy
and Social Studies, University of Crete

PANOS THEODOROU
Professor of Philosophy

Η συνεργασία του Ιδρύματος Παναγιώτη και Έφης Μιχελή με το Τμήμα Φιλοσοφικών και Κοινωνικών Σπουδών του Πανεπιστημίου Κρήτης έχει την αρχή της στο έτος 1997 όταν το Ίδρυμα Μιχελή χρηματοδότησε τη «Θέση Μιχελή» για τη διδασκαλία της Αισθητικής και της Φιλοσοφίας Τέχνης στο πλαίσιο των μαθημάτων του Τομέα Φιλοσοφίας. Η πρωτοβουλία αυτή υπήρξε πρωτοποριακή στον Ελληνικό ακαδημαϊκό χώρο, διότι μετέφερε στην Ελλάδα το θεσμό της χορηγούμενης Έδρας (endowed Chair) και κατέστησε δυνατή την πρόσκληση διαπρεπών επιστημόνων από την Ελλάδα και το εξωτερικό, όπως της Γεωργίας Αποστολοπούλου, του Αλέξανδρου-Φοίβου Μουρελάτου, του Λίνου Μπενάκη, του Παύλου Χριστοδουλίδη, του John Glucker κ.ά. Επιπλέον μέσω του θεσμού αυτού δόθηκε η ευκαιρία και σε νέους φερέλπιδες ερευνητές να διδάξουν και να παρουσιάσουν το έργο τους στους φοιτητές και στις φοιτήτριες του Τμήματος. Η συνεργασία με το Ίδρυμα Μιχελή εδραιώθηκε τις επόμενες δεκαετίες και επεκτάθηκε στη χορηγία υποτροφιών για μεταπτυχιακές σπουδές στο εξωτερικό καθώς και τη συνδιοργάνωση επιστημονικών συνεδρίων, καλλιτεχνικών εκθέσεων και εκδόσεων. Σε αναγνώριση της προσφοράς του Ιδρύματος προς το Πανεπιστήμιο Κρήτης η κεντρική αίθουσα συνεδριάσεων του Τμήματος Φιλοσοφικών και Κοινωνικών Σπουδών ονομάστηκε «Αίθουσα Παναγιώτη Μιχελή»

Με τη ευκαιρία της συμπλήρωσης 25 ετών εκφράζουμε την ευγνωμοσύνη μας στο Ίδρυμα Μιχελή για την εξαιρετικά γόνιμη συνεργασία, η οποία αποτελεί πρότυπο σύμπραξης ενός ιδιωτικού μη κερδοσκοπικού Ιδρύματος με έναν Πανεπιστημιακό φορέα. Προσβλέπουμε σε περαιτέρω ανάπτυξη και ενδυνάμωση των συνεργειών μεταξύ του Ιδρύματος Μιχελή και του Τμήματος Φιλοσοφικών και Κοινωνικών Σπουδών όχι μόνο στη διδασκαλία, αλλά και στην έρευνα στο πεδίο της Αισθητικής και της Φιλοσοφίας της Τέχνης.

Η παρούσα έκθεση αποτελεί μέρος της έρευνας του Εργαστηρίου Οπτικής Ανθρωπολογίας πάνω στο αρχείο Serge Collet και διοργανώνεται από το Ίδρυμα Μιχελή και το Τμήμα Φιλοσοφικών και Κοινωνικών Σπουδών. Χαιρετίζουμε αυτήν τη δημιουργική πρωτοβουλία και ευχόμαστε τη συνέχιση και τον περαιτέρω εμπλουτισμό της καρποφόρας συνεργασίας μεταξύ του Ιδρύματος Παναγιώτη και Έφης Μιχελή και του Πανεπιστημίου Κρήτης.

Ο Πρόεδρος του Τμήματος Φιλοσοφικών
και Κοινωνικών Σπουδών του Πανεπιστημίου Κρήτης

ΠΑΝΟΣ ΘΕΟΔΩΡΟΥ
Καθηγητής Φιλοσοφίας

CGT

Μνήμες του δρόμου

Η διαδήλωση ως πολιτισμική παραγωγή μέσα από τις φωτογραφίες του αρχείου Serge Collet

Εισαγωγή

Ο Serge Collet (1950–2016) ήταν Γάλλος εθνολόγος λιθουανικής καταγωγής, συμβεβλημένος ερευνητής στο Εθνικό Κέντρο Επιστημονικών Ερευνών της Γαλλίας (CNRS) και επιστημονικός σύμβουλος της Ευρωπαϊκής Επιτροπής, γνωστός κυρίως για τις έρευνές του πάνω στις αλιευτικές κοινωνίες της Μεσογείου (Collet 1993). Ευρυμαθής, πολύγλωσσος, πολιτικοποιημένος και κοσμοπολίτης (του άρεσε να αυτοαποκαλείται «Οδυσσέας»), με πολύπλευρη προσωπικότητα, έζησε στο Παρίσι, στη Γερμανία (όπου ήταν και ο πρώτος που εισήγαγε στο Πανεπιστήμιο του Αμβούργου τον κλάδο της Θαλάσσιας Ανθρωπολογίας), στην Ιταλία (όπου δίδαξε ως προσκεκλημένος καθηγητής στο Πανεπιστήμιο της Κατάνια), στην Αίγυπτο και στη Σενεγάλη, πριν καταλήξει στην Κρήτη. Μετά τον θάνατό του, τον Αύγουστο του 2016 στην Ιεράπετρα, με δωρεά της συζύγου του Barbara Collet, η βιβλιοθήκη του και το προσωπικό του αρχείο περιήλθαν στο Πανεπιστήμιο Κρήτης και φυλάσσονται στην πανεπιστημιακή βιβλιοθήκη και στο Εργαστήριο Οπτικής Ανθρωπολογίας «Εικόνα, Μουσική, Κείμενο», του Τμήματος Φιλοσοφικών και Κοινωνικών Σπουδών, το οποίο στεγάζεται στο Κέντρο Ερευνών και Μελετών για τις Ανθρωπιστικές, τις Κοινωνικές και τις Επιστήμες της Αγωγής (ΚΕΜΕ).

Ο Collet σπούδασε αρχικά φιλοσοφία στο Λύκειο Honoré de Balzac στο Παρίσι (προετοιμάζοντας τις εισαγωγικές εξετάσεις για την École Normale Supérieure) και στο Πανεπιστήμιο της Nanterre, με τους André Lécrivain, Alexandre Matheron (ο οποίος τον εισήγαγε στον Spinoza) και Georges Labica. Αφού εκπόνησε την πτυχιακή του εργασία πάνω στις λειτουργίες του οικονομικού φετιχισμού στις καπιταλιστικές κοινωνίες, ξεκίνησε διδακτορική διατριβή στην Κοινωνιολογία στην École Pratique des Hautes Études στο Παρίσι, με επόπτες τους Paul-Henry Chombart de Lauwe, έναν από τους πρωτεργάτες της αστικής κοινωνιολογίας στη Γαλλία, και Zdeněk Strmiska, πρώην διευθυντή του Ινστιτούτου Κοινωνικών Επιστημών της Πράγας. Υποστήριξε τη διατριβή του το 1980 με τίτλο «Sujets, État, Civiltà: Propositions théoriques pour une Anthropologie Critique des modes de vie» («Υποκείμενα, Κράτος, Πολιτισμικότητα: Θεωρητικές προτάσεις για μια Κριτική Ανθρωπολογία των τρόπων ζωής»). Σε αυτή τη μελέτη, ο Collet χρησιμοποιεί και προσαρμόζει με κριτικό τρόπο διάφορα θεωρητικά παραδείγματα της Κοινωνικής Θεωρίας (Σχολή της Φραγκφούρτης, Θεωρία των Parsons και Shils, Θεωρία συστημάτων) στις μεταβολές που υπέστη η γαλλική κοινωνία από το 1968, εμβαθύνοντας την γκραμσιανή ανάλυση των δομικών αλλαγών των τρόπων ζωής και των συνεπειών αυτών των αλλαγών στο πεδίο της πολιτικής[1].

---

[1] Ο Collet αντλεί από τον Gramsci μια προσέγγιση της διαλεκτικής σχέσης μεταξύ του κοινωνικού και του πολιτικού η οποία «κοινωνικοποιεί» το πολιτικό, με την έννοια ότι εισαγάγει σε αυτό το τελευταίο ατόφια την κοινωνική διάσταση, αυτό που ο Collet αποκαλεί «ολικό κοινωνικό γεγονός». Ο όρος «civiltà», που χρησιμοποιεί ο Collet, παραπέμπει στους τρόπους ζωής μιας κοινωνίας που συνιστούν αυτό το «ολικό κοινωνικό γεγονός», και που μπορούμε να κατανοήσουμε ως την πολιτισμική διάσταση της καθημερινότητας.

Πολιτικά στρατευμένος (όπως πολλοί Γάλλοι διανοούμενοι της εποχής του, μέλη του Γαλλικού Κομμουνιστικού Κόμματος) και συνδικαλιστής στα χρόνια του διδακτορικού του (1973–1980), ο Collet υπήρξε επίσης ιδρυτής, το 1978, της ομάδας *Μνήμη* (Mnémé), μιας ανεξάρτητης ερευνητικής πρωτοβουλίας που περιελάμβανε τους José Cordon, Yvette Izabel, και Marcel Scheer. Η ομάδα *Μνήμη* αφιερώθηκε στη συστηματική καταγραφή, ταξινόμηση και μελέτη των διαδηλώσεων που έλαβαν χώρα στην ευρύτερη περιοχή του Παρισιού στα τέλη της δεκαετίας του 1970 και στις αρχές αυτής του 1980, παράγοντας ένα εκτενές και ανεκμετάλλευτο ακόμη αρχείο (Collet 1982 και Collet 1984).

Ο Collet ασχολήθηκε επίσης, ερασιτεχνικά θα λέγαμε, με την αρχαιολογία και μετά το θάνατό του δημοσιεύτηκε μία εκτενής ανάλυση που πραγματοποίησε του Δίσκου της Φαιστού (Collet 2017). Αξίζει να σημειώσουμε ότι το 2009 σκηνοθέτησε επίσης μία ταινία, με τίτλο *Voices of the Sea*[2]. Πρόκειται για ένα οπτικό ποίημα μικρού μήκους, διάρκειας 25 λεπτών, χωρίς συγκεκριμένη πλοκή ή δράση, έντονα επηρεασμένο από τον σουρεαλισμό, με θέμα την θάλασσα. Αυτή η ταινία εντασσόταν στο πλαίσιο του Ευρωπαϊκού ερευνητικού προγράμματος Ecost και αντιπροσώπευε, όπως σημειώνει ο ίδιος ο Collet, μια στροφή στη ζωή του δημιουργού της, μετά από 25 χρόνια ερευνών πάνω στις αλιευτικές κοινωνίες. Με αυτήν την ταινία ο εθνολόγος-ανθρωπολόγος επιστρέφει στις πρώτες του κινηματογραφικές εμπειρίες στα μέσα της δεκαετίας του 1970 με τον φίλο του ποιητή και video artist Patrick Morelli και, 20 χρόνια αργότερα, με τον Gianfranco Serraino, διασταυρώνοντας έτσι την επιστήμη, την αυτοβιογραφία και την καλλιτεχνική δημιουργία.

Θα ήταν άδικο ίσως για τον Collet να προσπαθήσουμε να περιγράψουμε τη δουλειά του εντάσσοντάς την στις ακαδημαϊκές κατηγορίες τις οποίες η ίδια αμφισβητεί, συνδυάζει και διευρύνει. Ωστόσο, θα ήταν επίσης δύσκολο να αποκτήσουμε μια ιδέα αυτής της διεπιστημονικής δυναμικής χωρίς να αναφερθούμε τουλάχιστον στο θεωρητικό πλαίσιο μέσα στο οποίο αναπτύχθηκε η σκέψη του τη δεκαετία του 1970. Το πλαίσιο αυτό είναι το πλαίσιο των περισσότερων Γάλλων διανοούμενων της γενιάς του, δηλαδή ένας συνδυασμός δομισμού, μαρξισμού και ψυχανάλυσης, όχι πάντα σε αγαστή σχέση μεταξύ τους. Ο μαρξισμός είναι το περιβάλλον του Collet στα χρόνια του διδακτορικού του, και η κυρίαρχη τάση στις κοινωνικές επιστήμες εκείνη την εποχή στη Γαλλία. Είναι αυτός του Georges Labica, μέλους της επιτροπής του διδακτορικού του Collet και συνεπιμελητή του *Κριτικού λεξικού του μαρξισμού*, στο οποίο συνεισέφερε και ο ίδιος ο Collet (Labica και Bensussan 1985). Ο δομισμός είναι αυτός του Claude Lévi-Strauss (όσον αφορά την ανθρωπολογία και την εθνολογία), φιλτραρισμένος μέσα από την κριτική που του άσκησε ο Maurice Godelier (επίσης μέλος της επιτροπής του διδακτορικού του Collet και μετέπειτα συνεργάτης του). Αλλά, κυρίως, ο δομισμός παραπέμπει στη σημειολογία του Roland Barthes και στον νέο τρόπο προσέγγισης που εισήγαγε για την ανάλυση των κειμένων και των εικόνων (Barthes 2007α και 2007β). Η ψυχανάλυση, τέλος, είναι αυτή του Jacques Lacan, που επέτρεψε τόσο την κριτική του μαρξιστικού και του δομιστικού μοντέλου, όσο και τη δυνατότητα συνδυασμού και διασταύρωσής τους (Althusser 1999). Αλλά, ίσως η σημαντικότερη συνεισφορά της ψυχανάλυσης στις ανθρωπιστικές επιστήμες γενικά και στην Κοινωνική Ανθρωπολογία ειδικότερα είναι μια νέα προσέγγιση της γλώσσας, του υποκειμένου και της συνείδησης (με την ανακάλυψη του ασυνείδητου από τον Freud και τον ορισμό του ως «η γλώσσα του Άλλου» από τον Lacan), καθώς και της πολύπλοκης σχέσης τους με το βλέμμα και τη σωματικότητα.

Λίγα πράγματα έχουν γραφτεί μέχρι σήμερα γι' αυτόν τον τόσο πολυπράγμονα όσο και παραγνωρισμένο ερευνητή που ήταν ο Collet, έναν ερευνητή που εμπνεόταν από το ουμανιστικό ιδεώδες του ολικού ανθρώπου και επιστήμονα,

---

[2] Διαθέσιμη στο Youtube: https://www.youtube.com/watch?v=8aqMBAzMCxO, πρόσβαση στις 28/10/2021.

πέραν των στενών ορίων της πανεπιστημιακής εξειδίκευσης και των κεκτημένων αντανακλαστικών του homo academicus. Η κυριότερη πηγή πληροφοριών παραμένει ο ιστότοπος που δημιούργησε η σύζυγός του, Barbara[3].

Η ομάδα *Μνήμη* και το αρχείο των διαδηλώσεων

Αν και το έργο του Serge Collet πάνω στη Θαλάσσια Ανθρωπολογία είναι διαδεδομένο και αναγνωρισμένο, το προσωπικό του αρχείο που αφορά την Πολιτισμική Ανθρωπολογία της διαδήλωσης παραμένει μέχρι σήμερα λιγότερο γνωστό και στο μεγαλύτερό του μέρος ανεκμετάλλευτο. Το αρχείο, του οποίου το υλικό που παρήγαγε η ομάδα *Μνήμη* αποτελεί μόνο ένα τμήμα, καλύπτει, με λιγότερο ή περισσότερο εμπεριστατωμένο τρόπο, συνολικά πάνω από 50 διαδηλώσεις, απεργίες και πορείες από το 1969 μέχρι το 1988.

Πιο αναλυτικά, το αρχείο περιλαμβάνει: 1783 τυπωμένες φωτογραφίες και κοντάκτ, 1585 αρνητικά, 693 διαφάνειες, 239 σελίδες κείμενα, 197 σελίδες χειρόγραφα δελτία, 23 κασέτες 90 και 60 λεπτών με ηχογραφήσεις, καθώς και διάφορα έντυπα τεκμήρια (φυλλάδια, κονκάρδες, καλέσματα συνδικαλιστικών και κομματικών οργανώσεων, αποκόμματα εφημερίδων και περιοδικών κ.ά.). Πρόκειται για ένα πρωτότυπο και ανέκδοτο υλικό ανεκτίμητης ανθρωπολογικής και ιστορικής αξίας του οποίου η ανάδειξη, διάχυση και μελέτη θα συμβάλει αποφασιστικά στην κατανόηση των πολιτισμικών μηχανισμών και των συμβολικών διαδικασιών που δόμησαν τις συλλογικές ταυτότητες στις σύγχρονες μεταβιομηχανικές κοινωνίες. Η αξία του έγκειται στον πλούτο των οπτικοακουστικών τεκμηρίων καθώς και στην πρωτοτυπία της επιστημονικής προσέγγισης της διαδήλωσης ως πολιτισμικού γεγονότος και ενσώματης γλώσσας, που επικεντρώνεται σε τομείς όπως οι χειρονομίες, η ενδυμασία, η φρασεολογία, οι στάσεις του σώματος και η οργάνωση του χώρου. Χαρακτηριστικά, βρίσκουμε στο αρχείο 42 σελίδες δελτία ταξινόμησης που αφορούν την τυπολογία ανάλυσης των διαδηλώσεων, συνοδευόμενα από φωτογραφίες και υποδιαιρεμένα σε 5 κύριες κατηγορίες και 24 υποκατηγορίες. Παραθέτουμε αυτή την τυπολογία, μεταφρασμένη από τα γαλλικά, στο Παράρτημα 1[4]. Παρατηρούμε εξάλλου την έντονη παρουσία της δομιστικής μεθόδου[5] και ιδιαίτερα της σημειολογικής προσέγγισης, τόσο της φωτογραφίας όσο και της διαδήλωσης (χαρακτηριστικά, βρίσκουμε στο αρχείο 107 σελίδες με σημειώσεις βιβλίων πάνω στη σημειωτική, τα συνθήματα και την έννοια της ταυτότητας). Το Παράρτημα 2, με τις κατηγορίες φωτογραφικής ανάλυσης, αποτελεί αντιπροσωπευτικό δείγμα της παρουσίας της δομιστικής μεθόδου.

Όπως παρατηρεί το 1982 ο Dominique Guinard σε ένα άρθρο στην εφημερίδα *Le Monde* αφιερωμένο στην έρευνα του Collet, οι διαδηλώσεις είναι πολύ διαφορετικές μεταξύ τους (Guinard 1982). Μερικές έχουν ομοιογενή σύσταση, βασισμένη στις επαγγελματικές κατηγορίες, άλλες, όπως αυτή της Πρωτομαγιάς, ετερογενή. Μερικές μοιάζουν με καλοσυνάτες παρελάσεις που λαμβάνουν χώρα σε γιορταστική ατμόσφαιρα. άλλες διεξάγονται κάτω από τη σκιά της βίας και κινδυνεύουν να μετατραπούν ανά πάσα στιγμή σε οδομαχίες. Κάποιες εκφράζουν αλληλεγγύη, κάποιες άλλες αφήνουν μια διάχυτη αίσθηση δυσφορίας. Ορισμένες επιδεικνύουν μια αυστηρή τάξη και οργάνωση των διαδηλωτών, άλλες είναι πιό αυθόρμητες και άτακτες. Αν και αποτελεί εφήμερο και τοπικό γεγονός, η διαδήλωση

---

[3] Βλ. http://www.sergecollet.de/, πρόσβαση στις 28/10/2021. Παραπέμπουμε επίσης τον αναγνώστη στο άρθρο μας Αθανασόπουλος 2021.

[4] Όλα τα αποσπάσματα του αρχείου που παρατίθενται, καθώς και οι λεζάντες των φωτογραφιών, έχουν μεταφραστεί από τα γαλλικά από τον υπογράφοντα.

[5] Όπως εδραιώθηκε από τον Ferdinand de Saussure και αναπτύχθηκε από θεωρητικούς όπως ο Roland Barthes, ο Roman Jakobson, ο Louis Hjelmslev και ο Algirdas Julien Greimas.

παράγει έναν συγκεκριμένο χώρο με τη δική, του ιδιαίτερη δομή. Είναι άμεσα συνυφασμένη με την σύγχρονη πόλη και το αστικό τοπίο το οποίο χρησιμοποιεί ως σκηνή ή σκηνικό. Παράλληλα, συνιστά μια μορφή λαϊκής πολιτισμικής παραγωγής που δανείζεται, αλέθει και συνδυάζει στοιχεία από άλλες μορφές συλλογικής συνεύρεσης: θρησκευτικές λιτανείες, στρατιωτικές παρελάσεις, νεκρικές πομπές, πανηγύρια, αθλητικές εκδηλώσεις, καρναβάλια (Guinard 1982 και Gérôme 1988).

Ενάντια σε μια αφηρημένη και αποστασιοποιημένη επιστημονική προσέγγιση που συχνά τείνει να εξουδετερώσει το αντικείμενό της, ενάντια επίσης στην τάση των μέσων μαζικής ενημέρωσης να σχηματοποιούν τις κοινωνικές αντιθέσεις μέσα από μερικές φωτογραφίες-σοκ, γενικεύσεις και αφηρημένες ποσοτικοποιήσεις, η ομάδα *Μνήμη* εισήγαγε μια νέα για την εποχή αισθητηριακή οπτική στη μελέτη ενός κοινωνικού φαινομένου (της διαδήλωσης) που τόσο η εθνογραφική καταγραφή όσο και η σημειολογική ανάλυση είχαν παραμελήσει. Πρόκειται για έναν εναλλακτικό τρόπο ανθρωπολογικής έρευνας βασισμένης σε ένα εκτενές οπτικο-ακουστικό αρχείο που περιλαμβάνει φωτογραφίες, μαγνητοφωνήσεις, μαρτυρίες εργατών και διαδηλωτών, καταγραφές συνθημάτων, ύμνων και τραγουδιών. Μέσω της μελέτης της ιστορίας της διαδήλωσης ως πολιτισμικής πρακτικής και της προφορικής και γραπτής παραγωγής της, αυτό το αρχείο αποσκοπούσε στην ενεργοποίηση μιας κριτικής συλλογικής μνήμης (μιας «δρώσας» μνήμης, που «δεν θα είναι αυτός ο τέλειος καθρέφτης στον οποίο τα πάντα θα αντανακλώνται», και του οποίου «οι μορφές αντανάκλασης θα πρέπει να εφευρεθούν» όπως γράφει ο Collet) σε μια περίοδο έντονων πολιτικών και κοινωνικών αναταραχών στη Γαλλία. Αυτή η περίοδος είναι η δεκαετία που ακολούθησε τον Μάη του '68. Η μνήμη στην οποία αναφέρεται το όνομα της ομάδας είναι αυτή των ατομικών και συλλογικών ταυτοτήτων και των μορφών αντίστασης που γαλουχήθηκαν εκείνη την ιστορική στιγμή, και που οι μετέπειτα κοινωνικο-οικονομικές εξελίξεις έτειναν να ξεχάσουν, να λειάνουν ή να εξημερώσουν (Collet 1982 και 1984)[6].

Το εγχείρημα της ομάδας *Μνήμη* ξεκίνησε με πρωτοβουλία του Collet, ο οποίος τότε τελείωνε την διδακτορική του διατριβή, ως συλλογική περιπέτεια στον απόηχο του Μάη του '68, βασισμένη στον εθελοντισμό και στην προσωπική επένδυση χρόνου και χρήματος μιας ομάδας νέων ερευνητών που προέρχονταν από διαφορετικά κοινωνικά και πολιτισμικά περιβάλλοντα. Η κατανομή των ρόλων εντός της ομάδας δεν ήταν παγιωμένη. Αν και ο καθένας-καθεμιά τους ήταν λιγότερο ή περισσότερο εξειδικευμένος-η σε μία εργασία, ανάλογα με τα ενδιαφέροντα και τις παρακαταθήκες του-της, όλοι-ες έπρεπε να ξέρουν να κάνουν λίγο-πολύ τα πάντα, όπως το απαιτούσε ο πειραματικός και εθελοντικός χαρακτήρας της ομάδας. Έτσι, αν και η Yvette Izabel, τότε προπτυχιακή φοιτήτρια εθνολογίας, στην οποία οφείλουμε τις φωτογραφίες της έκθεσης, φωτογράφησε πολλές από τις διαδηλώσεις που κατέγραψε η ομάδα *Μνήμη*, βρίσκουμε επίσης στο αρχείο φωτογραφίες του ίδιου του Collet ή και άλλων μελών της ομάδας, χωρίς να είμαστε πάντοτε σε θέση να προσδιορίσουμε με απόλυτη σιγουριά την πατρότητα-μητρότητα των εικόνων. Αλλά ίσως, σε ό,τι μας αφορά εδώ, αυτό να μην παίζει μεγάλο ρόλο. Από την άλλη πλευρά, ενώ ο ίδιος ο Collet, και ο José Cordon, ήταν συνήθως επιφορτισμένοι με την καταγραφή του ήχου, βρίσκουμε στο αρχείο, στο τέλος της δεύτερης πλευράς της κασέτας που καταγράφει το ηχητικό περιβάλλον και τις προφορικές συνεντεύξεις της διαδήλωσης της 23ης Μαρτίου 1979, μια ηχητική δοκιμή στην οποία ο Collet δείχνει στην Izabel πώς λειτουργεί ο ηχητικός εξοπλισμός, προκειμένου να μπορέσει να τον χρησιμοποιήσει.

Από τον Σεπτέμβριο 1978 μέχρι τον Ιούνιο του 1980 η Izabel φωτογράφησε 13 διαδηλώσεις στο Παρίσι, που αντιστοιχούν σε 1.400 φωτογραφίες και αποτελούν το πιο συστηματικά τεκμηριωμένο τμήμα του αρχείου. Από το

[6] Για μια ιστορική προσέγγιση του φαινομένου της διαδήλωσης, βλ. Tartakowsky 2004.

1980 και για δύο χρόνια, η έρευνα της ομάδας *Μνήμη* υποστηρίχθηκε από το Υπουργείο Πολιτισμού της Γαλλίας και από το Εθνικό Κέντρο Επιστημονικών Ερευνών της Γαλλίας (CNRS) υπό την εποπτεία της Noëlle Gérôme. Ωστόσο, το εγχείρημα έμεινε ημιτελές. Αυτό οφείλεται στο γεγονός ότι το Υπουργείο σταμάτησε τη χρηματοδότηση της έρευνας το 1982, καθώς και στα διαφορετικά ενδιαφέροντα του Collet, έτοιμου να περάσει από το ένα ερευνητικό αντικείμενο στο άλλο (είναι περίπου η στιγμή που ξεκινά την έρευνα πεδίου του στην Νότιο Ιταλία, πάνω στις αλιευτικές κοινωνίες), αλλά και αναγκασμένου να αντιμετωπίσει ένα γαλλικό ακαδημαϊκό περιβάλλον που δεν του ήταν ιδιαίτερα φιλόξενο. Παρά τις προσπάθειές του, δεν ενσωματώθηκε ποτέ στο γαλλικό πανεπιστημιακό σύστημα, ούτε και στο Εθνικό Κέντρο Επιστημονικών Ερευνών (CNRS), με αποτέλεσμα να εγκαταλείψει τη γενέτειρά του το 1987, για τη Γερμανία.

Εικόνα και ανθρωπολογία

Το εγχείρημα της ομάδας *Μνήμη* δίνει ιδιαίτερη έμφαση στην φωτογραφική εικόνα ως μέσο παρατήρησης, καταγραφής και κατανόησης της κοινωνικής πραγματικότητας. Το ενδιαφέρον του για την ανθρωπολογική χρήση της φωτογραφίας, στα τέλη της δεκαετίας του 1970, οδήγησε τον Collet στη διερεύνηση της φύσης και της λειτουργίας των εικόνων καθεαυτών –και ιδιαίτερα των τεχνικών εικόνων, της φωτογραφίας και του κινηματογράφου– και του θεωρητικού και κοινωνιολογικού πλαισίου που τις υποστηρίζει, επηρεασμένος, όπως προαναφέραμε, κυρίως από την σημειολογία του Roland Barthes (Barthes 1983) αλλά και από την ψυχανάλυση και την φαινομενολογία. Αν και τελικά δεν δημοσίευσε πάνω σε αυτά τα θέματα, το προσωπικό του αρχείο βρίθει σημειώσεων και κειμένων που δείχνουν ότι ο στοχασμός του πάνω στην εικόνα και την οπτικότητα δεν αφορά μια παροδική φάση της έρευνάς του, αλλά αντίθετα επανέρχεται με μια σχεδόν εμμονική συνέπεια, παίζοντας έναν καταλυτικό ρόλο στο σύνολο σχεδόν του επιστημονικού του έργου. Και, ίσως ο κυριότερος λόγος για αυτό να είναι η σύνδεση –η συρραφή ή η συγκόλληση, για να δανειστούμε δύο ψυχαναλυτικούς όρους που χρησιμοποιεί και ο ίδιος– που επιτελείται στη μεθοδολογική προσέγγιση του Collet ήδη από την αρχή, μεταξύ εικόνας και σωματικότητας.

Τη στιγμή που ο Collet και η ομάδα του καταπιάνονται με την καταγραφή των διαδηλώσεων, το πεδίο της Οπτικής Ανθρωπολογίας οριοθετείται από το έργο μορφών όπως η Margaret Mead, ο Gregory Bateson (Mead και Bateson 1977), ο John Collier (Collier και Collier 1967) και ο Jean Rouch (Rouch, Wanono και Dieterlen 1987). Η θεωρητική συζήτηση πάνω στη σχέση της φωτογραφίας και του κινηματογράφου με την πραγματικότητα και την επιστημονική παρατήρησή της κινείται εκείνη την εποχή γύρω από θέματα που έχουν να κάνουν με την φύση των τεχνικών εικόνων, τη σχέση παρατηρητή-παρατηρουμένου και τη διαμεσολαβητική λειτουργία της μηχανής, το γνωσιακό καθεστώς της οπτικότητας και τους ιστορικούς και πολιτισμικούς προσδιορισμούς του. Ο Collet συμμετείχε σε αυτή τη συζήτηση με ένα εμπνευσμένο (και ανέκδοτο) κείμενο πάνω στη σχέση του έργου του Παζολίνι με τη δουλειά του ανθρωπολόγου («Pier Paolo Pasolini ou l'imaginaire de l'anthropologie» [«Pier Paolo Pasolini ή το φαντασιακό της ανθρωπολογίας»]). Σε αυτό το κείμενο, η ανάπτυξη της διαλεκτικής σχέσης μεταξύ επιστημονικής έρευνας και καλλιτεχνικής δημιουργίας καταφέρνει να συνενώσει μεθοδολογικούς, αισθητικούς και πολιτικούς προβληματισμούς με έναν τρόπο που εμπλουτίζει τόσο τη γνώση της ανθρωπολογίας όσο και αυτή του κινηματογράφου, και θυμίζει, σε ένα βαθμό, τη διάλεξη πάνω στη δημιουργική πράξη και τον κινηματογράφο που έδωσε ο Γάλλος φιλόσοφος Gilles Deleuze την ίδια περίοδο (το κείμενο του Collet χρονολογείται το 1985, η διάλεξη του Deleuze έλαβε χώρα το 1987 [Deleuze 2018]).

Όπως σημειώνει ο Collet, οι φωτογραφίες του αρχείου δεν υπάγονται στην κατηγορία του ρεπορτάζ, το οποίο συχνά αποσκοπεί στο να προκαλέσει αίσθηση και να εντυπωσιάσει τον θεατή[7]. Σκοπός τους είναι να καταγράψουν τις διάφορες πτυχές της οπτικότητας της διαδήλωσης, προσεγγίζοντάς την ως θέαμα, ως μίμηση, ως κάτι που συμβαίνει για να ιδωθεί. Δηλαδή ως κάτι που εμπεριέχει την οπτικότητα, τη φαινομενικότητα, την εικόνα ως ουσιώδες συστατικό του: κάτι που προορίζεται για το μάτι. Η φωτογραφία, και έπειτα ο κινηματογράφος, έβαλαν στο κέντρο του οπτικού ενδιαφέροντος αυτό που βρισκόταν στο περιθώριο (το τετριμμένο ή το αποκρουστικό, από τον Lewis Hine μέχρι τον Pier Paolo Pasolini). Αλλά έτσι εξάπλωσαν επίσης την αυτοκρατορία του βλέμματος σε μακρινές επαρχίες που μέχρι πριν λίγο του αντιστέκονταν, χαρίζοντάς τους μια εικόνα, δηλαδή μια πραγματικότητα που δεν είχαν πριν. Το αντίτιμο είναι ότι αυτό που δεν είχε συνηθίσει να το βλέπουν ενσωματώνει με τον καιρό την εικόνα του και ανταλάσσει, για το βλέμμα που το κοιτάζει, την εικόνα της πραγματικότητας με την πραγματικότητα της εικόνας. Η εικόνα περνάει πλέον μέσα στην πραγματικότητα, βρίσκεται από πριν εκεί περιμένοντας το βλέμμα για το οποίο προορίζεται να ξαναβρεί για μια ακόμη φορά σε αυτήν αυτό που το ίδιο έβαλε.

Ο Collet παρατηρεί ότι οι διαδηλώσεις αποτελούν όλο και περισσότερο φωτογραφικό αντικείμενο, όχι μόνο για τους επαγγελματίες (δημοσιογράφους, ερευνητές, όργανα της τάξης) αλλά κυρίως για τους ίδιους τους διαδηλωτές. Με άλλα λόγια, για την ομάδα *Μνήμη*, η χρήση της φωτογραφίας θεμελιώνεται σε μια πρακτική που ενυπάρχει στην ίδια τη διαδήλωση ως πολιτισμική παραγωγή. Χαρακτηριστικό παράδειγμα αποτελούν οι φωτογραφίες μέσω των οποίων οι συνδικαλιστές της επιχείρησης Avions Marcel Dassault Bréguet Aviation του Saint-Cloud κατέγραψαν τις κινητοποιήσεις τους από το 1967 μέχρι το 1980, φωτογραφίες οι οποίες συμπεριλαμβάνονταν στο οπτικό υλικό που είχε αναλάβει να οργανώσει και να αναλύσει η ομάδα *Μνήμη*. Και ορισμένες διαδηλώσεις περιελάμβαναν βανάκια με μίνι εκθέσεις φωτογραφίας κάποιας άλλης διαδήλωσης που έλαβε χώρα στην τάδε πόλη, παραπέμποντας τους διαδηλωτές στην ίδια τους την εικόνα[8].

Αυτή η θεμελιώδης οπτικότητα είναι άμεσα συνυφασμένη με τους διάφορους τρόπους με τους οποίους, στη διαδήλωση, η λέξη γίνεται χειρονομία και το σύμβολο σώμα[9]. Σε αντίθεση τόσο με το δημοσιογραφικό ρεπορτάζ όσο και με την αυτο-αναπαράσταση των διαδηλωτών, η φωτογραφική εικόνα χρησιμοποιείται από τον ερευνητή ως μέσο απομυθοποίησης, με την μπαρτιανή έννοια του όρου, της διαδήλωσης[10]. Ο Collet αντλεί από τον Barthes μια χρήση της σημειολογίας όχι ως φορμαλιστικού υποκατάστατου αλλά ως λειτουργικού εργαλείου της ιστορικής και κοινωνιολογικής σκέψης, δηλαδή χρησιμοποιεί την –εξ ορισμού συγχρονική– δομή όχι ως άρνηση της διαχρονικότητας της ιστορίας και των κοινωνικών φαινομένων, αλλά ως επιστροφή σε αυτήν.

---

[7] Όπως σημειώνει ο Roland Barthes, «η φωτογραφία που το νόημά της είναι πάρα πολύ εκτυπωτικό [impressif], γρήγορα παρερμηνεύεται· καταναλώνεται αισθητικά και όχι πολιτικά». Barthes 1983: 55.

[8] Ο ρόλος αυτός της μεταφοράς (οπτικής) πληροφορίας έχει μετατεθεί στις μέρες μας από τα βανάκια και το δρόμο στο διαδίκτυο και στον άυλο κυβερνοχώρο, ιδιαίτερα χάρη στα smartphones.

[9] «Στις διαδηλώσεις-πορείες οι φωτορεπόρτερ αγνοούν τον τρόπο με τον οποίο οι διαδηλωτές φορούν τις κονκάρδες, κρατούν τα πανώ· ή ακόμη το σωρό από μπουκάλια πεταμένο σε μια γωνιά, πάνω στο οδόστρωμα. Τίποτα ή σχεδόν τίποτα δεν λέγεται για τη ρητορική των συνθημάτων. Ακόμα λιγότερα για αυτές τις πράξεις ομιλίας που γίνονται σε ορισμένες περιπτώσεις χειρονομίες, και, ακόμη περισσότερο, που γίνονται σώμα.» Serge Collet, *Έκθεση της ομάδας Μνήμη στο σεμινάριο της Noëlle Gérôme*, Κέντρο Γαλλικής Εθνολογίας, 30 Μαΐου 1980, χειρόγραφες σημειώσεις. Αρχείο Serge Collet, Εργαστήριο Οπτικής Ανθρωπολογίας «Εικόνα, Μουσική, Κείμενο», Πανεπιστήμιο Κρήτης.

[10] Στον Barthes η απομυθοποίηση είναι μια διαδικασία δευτερογενούς μυθοποίησης η οποία δημιουργεί έναν νέο μύθο ο οποίος βασίζεται στον παλιό. Αυτή η διαδικασία συνεπάγεται μια πολιτική στάση, στο βαθμό που η επανάληψη του μύθου αποσκοπεί εδώ στην κριτική του αποδόμηση και στην κατάδειξη των μηχανισμών που τον διέπουν.

Το βασικό ερώτημα που τίθεται εκείνη την περίοδο στον θεωρητικό διάλογο γύρω από τη φωτογραφία είναι το εάν και κατά πόσο μπορεί να αποτελέσει αυτόνομο σημειωτικό σύστημα και να αναλυθεί με τα (διευρυμένα) εργαλεία της γλωσσολογίας· και, κατ' επέκταση, το εάν και κατά πόσο ο δομισμός, η σημειολογία και η αφηγηματολογία μπορούν να ανοίξουν νέες προοπτικές για την ανάλυση και την κατανόηση όχι μόνο της φωτογραφίας, αλλά και των εικόνων γενικότερα. Ο Roland Barthes και ο Umberto Eco, ο Louis Marin, ο Christian Metz, ο Pier Paolo Pasolini, ο Gilles Deleuze και ο Hubert Damisch, για να αναφέρουμε μόνο αυτούς, συνεισέφεραν σε αυτόν τον διάλογο, ο καθένας με τον δικό του τρόπο. Όσον αφορά τον Collet, η σημειωτική λειτουργία αποτελεί αναπόσπαστο τμήμα της φωτογραφικής εικόνας. Μπορούμε να πούμε ότι το ενδιαφέρον του για τη φωτογραφία προέκυψε μέσα από το ενδιαφέρον του για τη σημειολογία, στον βαθμό που ο ρεαλισμός της πρώτης του προσέφερε μια πλατφόρμα επικοινωνίας μεταξύ των αφηρημένων κατηγοριών της δεύτερης και της οπτικο-σωματικής διάστασης των κοινωνικών φαινομένων που τον ενδιέφεραν. Δεν είναι η μεμονωμένη φωτογραφία που τον ενδιαφέρει, αλλά σειρές φωτογραφιών που μεταχειρίζεται ως διακριτές σημασιολογικές μονάδες, καταγράφοντας με συστηματικό τρόπο το νόημά τους.

Το δομιστικό μοντέλο έρχεται με αυτόν τον τρόπο να περιχαρακώσει το θεωρητικό πεδίο μιας προσέγγισης της διαδήλωσης από τη σκοπιά του αισθητού, όπως γράφει χαρακτηριστικά ο ίδιος, μιάς προσέγγισης που φιλοδοξεί να θέσει υπό αμφισβήτηση την επιστημολογική ασυμμετρία ανάμεσα στον παρατηρητή και το παρατηρούμενο φαινόμενο. Από την άλλη, αυτή η ασυμμετρία δεν αντικαθίσταται από την αφελή εξίσωσή τους, την ψευδαίσθηση της ταύτισης του βλέμματος με το αντικείμενό του. Όπως γράφει ο Collet, η υπερβολική εγγύτητα γίνεται γρήγορα ενοχλητική και γεννά ένα οπτικό habitus στον παρατηρητή-φωτογράφο ο οποίος τελικά βλέπει μόνο αυτό που θέλει να δει. «Οπότε [το να φωτογραφίζεις τις διαδηλώσεις] δεν είναι καθόλου δεδομένο.» Όταν ο παρατηρητής είναι παράλληλα και ο ίδιος πολιτικά στρατευμένος (όπως ήταν η περίπτωση του Collet, αλλά και αυτή του José Cordon, του οποίου η οικογένεια εγκατέλειψε την Ισπανία για να ξεφύγει από τη δικτατορία του Φράνκο), δεν είναι εύκολο να δείξει την ίδια προσοχή και το ίδιο ενδιαφέρον για μια διαδήλωση των συνδικαλιστικών σωματείων, μια διαδήλωση της Δεξιάς ενάντια στην άμβλωση, ή μια πορεία των αναρχικών. Και, όπως σημειώνει ο Collet, όταν ο παρατηρητής συνηθίζει να διαδηλώνει με μία οργάνωση είναι ακόμα πιο δύσκολο να προσεγγίσει κάποιες άλλες ομάδες διαδηλωτών. Έτσι, το ίδιο το καταδηλωτικό περιεχόμενο των φωτογραφιών, το τι υπάρχει μέσα στο κάδρο, αποτελεί για τον ερευνητή μια καίρια ένδειξη της υποκειμενικής στάσης του φωτογράφου, ανθρωπολόγου και μή, και αντανακλά μια λιγότερο ή περισσότερο συγκροτημένη πολιτισμική ταυτότητα.

Η ασυμμετρία ανάμεσα στον παρατηρητή και το παρατηρούμενο φαινόμενο παραπέμπει λοιπόν όχι σε μια φαντασιακή λύση (στην αποστασιοποίηση) αλλά σε ένα πραγματικό πρόβλημα που γεννά εντάσεις και αντιθέσεις που οφείλουν να αντιμετωπιστούν ως τέτοιες, και όχι να συμφιλιωθούν με κάθε κόστος. Το πρόβλημα είναι αυτό της σωστής απόστασης, της θέσης του παρατηρητή που καλείται να βρίσκεται ταυτόχρονα μέσα και έξω από το παρατηρούμενο φαινόμενο, ένα πρόβλημα που εισάγει στην επιστημονική έρευνα μια πειραματική διάσταση και προσέγγιση (πρόκειται για την προβληματική της συμμετοχικής παρατήρησης, η οποία βρίσκεται στο επίκεντρο του ανέκδοτου κειμένου του Collet για τον Pasolini, «Pier Paolo Pasolini ή το φαντασιακό της ανθρωπολογίας»). Αυτή η πειραματική προσέγγιση επικεντρώνεται σε αυτό που ο Collet ονομάζει «τριγμούς του κοινωνικού σώματος», στις περιοχές δηλαδή όπου τίθεται ένα ερώτημα, πιό επείγον σήμερα από κάθε άλλη εποχή, το ερώτημα του τι δένει τους ανθρώπους μεταξύ τους· ένα ερώτημα που συχνά πάει μαζί με τη διαπίστωση ότι αυτό που τους ενώνει, συχνά δεν είναι το ίδιο για όλους. Αυτή η πειραματική προσέγγιση συνεπάγεται λοιπόν την ανανέωση της εθνολογικής μεθοδολογίας. Όχι τόσο την αντικατάσταση μιας μεθόδου από μια άλλη, αλλά ένα είδος μεθοδολογικής αυτοκριτικής και αναστοχασμού, απόρριψης των σίγουρων λύσεων και των αποδεκτών ταυτοτήτων και υιοθέτηση ενός ρίσκου, αποδοχή της αβεβαιότητας, πρόθεση να αλλάξουμε τα ερωτήματα παρά να βρούμε με κάθε κόστος απαντήσεις, να μάθουμε από το αντικείμενο αντί να το εντάξουμε σε προκατασκευασμένες κατηγορίες. Με αυτή την έννοια, ο ερευνητής, ενεργό υποκείμενο στα γεγονότα που καταγράφει, περιμένει από το αντικείμενο της έρευνας να μετατρέψει το βλέμμα αυτού που το κοιτάζει, ο Μάης του '68 περνά από τον δρόμο στην εθνολογία[11].

Δυο λόγια για την έκθεση

Όσον αφορά το ερώτημα πώς ο Γάλλος εθνολόγος φανταζόταν την εκμετάλλευση των φωτογραφιών, στην παρουσίαση της ερευνητικής πρότασης που κατέθεσε το 1982 στο Υπουργείο Πολιτισμού της Γαλλίας, και που βρίσκουμε στο προσωπικό του αρχείο, προβλέπει τη διοργάνωση μιας έκθεσης («καθότι πρόκειται για οπτικό υλικό»), η οποία τελικά δεν πραγματοποιήθηκε ποτέ. Προτείνοντας να πραγματοποιήσουμε, σαράντα χρόνια αργότερα, και στο βαθμό των δυνατοτήτων μας, αυτόν τον πόθο που έμεινε ευσεβής, υιοθετούμε για λογαριασμό μας αυτήν την προσέγγιση της έκθεσης ως ερευνητικό εργαλείο, ως μέσο οπτικοποίησης μιας έρευνας που η ίδια αφορά την οπτική, τη θεαματική διάσταση της διαδήλωσης. Με αυτό τον τρόπο, διασταυρωνόμαστε με σύγχρονες προβληματικές στον χώρο της τέχνης και της επιμέλειας εκθέσεων γύρω από τις διαδικασίες παραγωγής και διάχυσης της γνώσης (Athanassopoulos και Boutan 2016).

Ωστόσο, το σημείο τομής αυτής της διασταύρωσης δεν είναι αμιγώς αισθητικό, με την παραδοσιακή έννοια του όρου: οι φωτογραφίες του αρχείου δεν διεκδικούν την αυτονομία του εικαστικού αντικειμένου, δεν αποσκοπούν στο να είναι ωραίες, ούτε τεχνικά άρτιες. Η διασταύρωση βασίζεται περισσότερο σε ένα είδος δημιουργικότητας, κοινής στην επιστήμη και την τέχνη, που έχει να κάνει όχι με μεμονωμένα αντικείμενα αλλά με δομές και διαδικασίες, όχι με το αντικείμενο του βλέμματος αλλά με το ίδιο το βλέμμα και τους διάφορους τρόπους που σημασιοδοτεί την πραγματικότητα: ένα είδος οπτικής αναστοχαστικότητας. Όπως παρατηρούν οι Collier και Collier: «Τόσο η τέχνη όσο και η επιστήμη βρίσκονται αντιμέτωπες με την πρόκληση να εξάγουν νέα γνώση και εμπειρία από την ορατή μορφή της πραγματικότητας. Αυτή η δημιουργική διαδικασία υπερβαίνει την τεκμηρίωση, διότι η ανακάλυψη είναι μια δημιουργική πράξη, και η πραγματικότητα πρέπει να περάσει από μια αλχημεία στην οποία το τεκμηριωτικό αρχείο γίνεται νέα γνώση η οποία δημιουργεί μια νέα πραγματικότητα. Παρόμοια δημιουργία βρίσκεται στην καρδιά της επιστημονικής ανακάλυψης όπως ακριβώς βρίσκεται και στην καρδιά της τέχνης.» (Collier και Collier 1967: 169).

Έτσι, δεν πρόκειται ούτε για μια καθαρά καλλιτεχνική, ούτε για μια αμιγώς ανθρωπολογική έκθεση. Οι φωτογραφίες δεν αποτελούν από μόνες τους έργα τέχνης, αλλά ούτε και η επιλογή και η οργάνωσή τους αποσκοπούν να υποστηρίξουν μια συγκεκριμένη επιστημονική υπόθεση. Μέσα από την παρουσίαση ανέκδοτου αρχειακού υλικού, σκοπός είναι μάλλον η ανάδειξη ενός πρωτότυπου βλέμματος, αυτού του Serge Collet και της ομάδας *Μνήμη*, και μέσα από αυτό, η εξερεύνηση των σχέσεων μεταξύ εικόνας και σώματος, φωτογραφίας και γνώσης, αρχείου και συλλογικής μνήμης. Αυτή η εξερεύνηση μας επιτρέπει να παρακολουθήσουμε την έρευνα εν τη γενέσει της, τη δημιουργική στιγμή της γνώσης, με ό,τι αυτό συνεπάγεται από «μαστορική» (ο Collet δανείζεται τον όρο από τον Claude Lévi-Strauss [Lévi-Strauss 1977][12]), αβεβαιότητα, ρίσκο και πειραματισμό. Όχι μόνο το

[11] Ας μην ξεχνάμε άλλωστε ότι πρόκειται για μια εποχή στην οποία η θεωρητική ενασχόληση συνοδευόταν συχνά από την πολιτική στράτευση και τον ακτιβισμό (Sartre, Foucault, κ. ά.).

[12] Για να δείξει τη διαφορά του επιστήμονα από τον τεχνίτη (μάστορα), τον «bricoleur» όπως τον αποκαλεί, ο Lévi-Strauss ισχυρίζεται ότι, σε αντίθεση με

studium, το δίκτυο των ταυτοτήτων, των σημείων και των πολιτισμικών νοημάτων στο οποίο εμπλέκεται η διαδήλωση, αλλά και το punctum, την «διαφωνία μεταξύ των τμημάτων της ταυτότητας που εγγράφεται με μορφή αινίγματος, ρέμπους και σχεδόν ποιητικών εντυπώσεων, και αυτό γιατί οι πρακτικές διαδήλωσης αποτελούν ένα ζωντανό και κινούμενο χώρο διαδικασιών μεταφοροποίησης, ένα εργοτάξιο σημείων[13]».

Ο Collet, ιδιαίτερα ευαίσθητος όσον αφορά τη θέση της γυναίκας τόσο στις σύγχρονες αστικές κοινωνίες όσο και στους αρχαϊκούς πολιτισμούς, ανήκει στη γενιά που είδε την ταυτότητα να μετουσιώνεται από κοινωνική σε πολιτισμική έννοια, και συνεισέφερε από τη θέση του σε αυτή την διαδικασία. Αν και η πολιτισμική διάσταση της ταυτότητας εμπεριέχεται εξ αρχής στην κοινωνική της διάσταση, ιστορικά, η πρώτη βγήκε σταδιακά στην επιφάνεια και έγινε αντικείμενο διεκδίκησης από τα τέλη της δεκαετίας του 1960 και μετά – μέσα στο γενικότερο πλαίσιο της σταδιακής διάλυσης των παραδοσιακών κοινωνικών δεσμών που επέφεραν ο εξορθολογισμός και η αστικοποίηση–, ως προέκταση της δεύτερης. Αλλά, την ίδια στιγμή, άρχισε να αποκόπτεται από αυτήν· στα σημεία ρωγμής δημιουργήθηκαν άλυτες εντάσεις και, σιγά σιγά, φτάσαμε στο σημείο η πολιτισμική διάσταση να έρχεται πολλές φορές σε σύγκρουση με την κοινωνική (ή και να την παραμερίζει πλήρως). Είναι, μεταξύ άλλων, η ιστορία του φεμινιστικού κινήματος και των σχέσεών του με την παραδοσιακή Αριστερά, των κομμουνιστριών της περιοδικής έκδοσης *Elles voient rouge* («Βλέπουν κόκκινο»: διπλή νύξη στο κομμουνιστικό κόμμα και στη μουλέτα, το κόκκινο ύφασμα του ταυρομάχου· στα γαλλικά η έκφραση σημαίνει θυμώνω, γίνομαι έξαλλος), των γυναικών του Κομμουνιστικού Κόμματος «που ορθών[ον]ται ενάντια στον φαλλοκράτη-συνδικαλισμένο σύζυγό τ[ου]ς».

Η έκθεση επικεντρώνεται σε μία συγκεκριμένη διαδήλωση, αυτή της 23ης Μαρτίου 1979, γνωστή και ως Πορεία στο Παρίσι των εργατών της χαλυβουργικής βιομηχανίας. Δυο λόγια για το ιστορικό πλαίσιο: τα τέλη της δεκαετίας του 1970 στη Γαλλία σημαδεύτηκαν, στο κοινωνικό επίπεδο, από τις πολιτικές αποβιομηχάνισης της Ευρωπαϊκής Ένωσης και του τότε Προέδρου της Γαλλικής Δημοκρατίας Valéry Giscard d'Estaing. Οι πολιτικές αυτές ήρθαν σαν συνέπειες της κρίσης που έπληττε την βαριά βιομηχανία, καθώς και της μεταστροφής της οικονομικής πολιτικής προς όφελος του τριτογενούς τομέα παραγωγής, και δημιούργησαν ένα τεταμένο πολιτικό και κοινωνικό κλίμα το οποίο οδήγησε σε μεγάλο βαθμό στη συσπείρωση της γαλλικής Αριστεράς γύρω από το πρόσωπο του François Mitterand, καταλήγοντας στην άνοδο αυτού του τελευταίου στην εξουσία το 1981. Στη διαδήλωση της 23ης Μαρτίου 1979 πρωτοστάτησαν οι εργάτες της χαλυβουργίας της Λωρραίνης, οι οποίοι, μετά από την ανακοίνωση, στις 12 Δεκεμβρίου 1978, του Σχεδίου Νταβινιόν, τότε Ευρωπαϊκού Επιτρόπου, σχετικά με την «διάσωση» και την «αναδιάρθρωση» της χαλυβουργικής βιομηχανίας,

---

τον πρώτο, ο οποίος ξεκινά από το αφηρημένο, δηλαδή την κατασκευή, προκειμένου να προμηθευτεί σύνεργα και πρώτες ύλες ώστε να υλοποιήσει την εικόνα της κατασκευής που έχει φτιάξει νοητά, ο τεχνίτης ξεκινάει από το συγκεκριμένο, δηλαδή τα υλικά που έχει στη διάθεσή του. Καλείται να πραγματοποιήσει μια σύνθεση από ετερόκλιτα υλικά, και όχι να τους αποδώσει μια προκαθορισμένη θέση και λειτουργία.

[13] Serge Collet, «II. Renseignements scientifiques» [«Επιστημονικές πληροφορίες»], σχέδιο έρευνας για την ανθρωπολογία των διαδηλώσεων, δακτυλογραφημένο κείμενο, σ. 3. Αρχείο Serge Collet, Εργαστήριο Οπτικής Ανθρωπολογίας «Εικόνα, Μουσική, Κείμενο», Πανεπιστήμιο Κρήτης. Το studium και το punctum είναι δύο όροι που εισήγαγε στη θεωρία της φωτογραφίας ο Roland Barthes. Ο Γιάννης Σκαρπέλος γράφει σχετικά, και εύστοχα: «Μπορούμε να υποθέσουμε πως το studium προετοιμάζει τόσο το φωτογράφο όσο και το θεατή για το punctum. Ωστόσο, η επίτευξη του τελευταίου – ή μήπως θα έπρεπε να πούμε η έλευσή του; – είναι συνάρτηση πολλών παραγόντων, τους οποίους δεν μπορεί πάντα να ελέγξει ο φωτογράφος. Αυτή η παρατήρηση ισχύει τόσο για την κοινωνιολογική ή πολιτική (με την ευρεία έννοια) φωτογραφία, όσο και για την καλλιτεχνική φωτογραφία. Όταν όμως έρθει, το punctum διευρύνει τη λειτουργία των εικόνων, επιτρέποντάς τους να περάσουν από τη σημειωτική της καταδήλωσης (που σημαίνει μονοσήμαντα ό,τι ξανοίγεται μπροστά στα μάτια μας) στη συμπαραδήλωση, η οποία εδώ δεν πρέπει να νοείται μόνο ως επιδιωκόμενη από τον φωτογράφο μυθολογική διαστρέβλωση της πραγματικότητας, αλλά κυρίως ως έναρξη ενός διαλόγου με την πολιτισμική παρακαταθήκη της συγκεκριμένης κάθε φορά κοινωνίας και ως μετάβαση από το σημαίνον στο σύμβολο. Αυτή η διερεύνηση της λειτουργίας της εικόνας που επιφέρει το punctum είναι σκανδαλώδης στο βαθμό κατά τον οποίο υποδηλώνει πως αλήθεια και προπαγάνδα παράγονται από τον ίδιο μηχανισμό.» Σκαρπέλος 2011: 56-58.

απειλούνταν άμεσα με 22.000 απολύσεις. Η διαδήλωση αυτή ήταν το αποκορύφωμα της κινητοποίησης όχι μόνο των εργατών αλλά και των κατοίκων των πληττόμενων περιοχών, μιας κινητοποίησης που ξεκίνησε στις 19 Δεκεμβρίου 1978 στο Longwy, μια από τις πόλεις της Λωρραίνης που απειλούνταν περισσότερο, και συνεχίστηκε με την πορεία της 12ης Ιανουαρίου 1979 στην Metz. Και, ήδη από τις 16 Δεκεμβρίου 1978 δημιουργείται ένας πειρατικός ραδιοφωνικός σταθμός, Lorraine Cœur d'acier (Λωρραίνη η Σιδηρόκαρδη), για την υποστήριξη και την επικοινωνία του αγώνα. Η διαδήλωση της 23ης Μαρτίου 1979 ήταν μαζική, συγκεντρώνοντας περίπου 80.000 διαδηλωτές, και σημαδεύτηκε στο επικοινωνιακό επίπεδο αφενός από ορισμένα φαινόμενα βίας (τόσο μεταξύ των διαδηλωτών και των αστυνομικών όσο και μεταξύ των ίδιων των διαδηλωτών) που διογκώθηκαν από τα μέσα ενημέρωσης, αφετέρου από την αποκάλυψη, από τους διαδηλωτές, ενός αστυνομικού με πολιτικά που επιδιδόταν σε βανδαλισμούς.

Όσον αφορά την οργάνωση του οπτικού υλικού της έκθεσης, παρουσιάστηκαν δύο επιλογές: η ιστορική-κοινωνική, δηλαδή η αφήγηση, και η μορφολογική-πολιτισμική, δηλαδή η τυπολογία. Δεν υιοθετήσαμε αποκλειστικά ούτε την μία ούτε την άλλη επιλογή, ή, μάλλον, προσπαθήσαμε να τις συνδυάσουμε, αναζητώντας μια μέση οδό. Οι φωτογραφίες επιλέχθηκαν με γνώμονα αφενός τη συνοχή και τη συνάφεια – εικόνες από μία και μόνη διαδήλωση –, αφετέρου το εύρος της τεκμηρίωσης – πλούσιο πληροφοριακό υλικό (και ιδιαίτερα λεζάντες και σχόλια) πλαισιώνει και υποστηρίζει τις φωτογραφίες της συγκεκριμένης διαδήλωσης, σε αντίθεση με άλλες διαδηλώσεις που περιλαμβάνονται στο αρχείο. Πράγματι, η διαδήλωση της 23ης Μαρτίου 1979 αποτελεί κατά κάποιον τρόπο τον πιλότο του εγχειρήματος της ομάδας Μνήμη, είναι ουσιαστικά η πρώτη της ολοκληρωμένη απόπειρα συστηματικής καταγραφής και ανάλυσης του φαινομένου της διαδήλωσης, που θα θέσει τις βάσεις για τη συνέχεια. Ο Collet γράφει σχετικά: «Το σύνολο των φωτογραφιών καταχωρήθηκε σε ένα τετράδιο ακολουθώντας χρονολογική σειρά. Το περιεχόμενό τους καταγράφηκε και οι περισσότερες φωτογραφίες συνοδεύτηκαν έτσι από λεζάντες, ακολουθώντας πάντα την καταδηλωτική τους σειρά. Δηλαδή η καταδήλωση αποσκοπεί να μεταφέρει μόνο ό,τι εμπεριέχεται σε έναν οπτικό σημειωτικό κώδικα, στην λεκτική εκφορά ή σε έναν άλλο κώδικα. Πιστεύω εξάλλου ότι δεν υπάρχει ακατέργαστη αντίληψη της φωτογραφίας· ότι, από τη σκοπιά του θεατή και όχι πλέον του φωτογράφου, κάθε φωτογραφία είναι πάντα λεκτικοποιημένη. Εκφράζεται πάντα μέσα στις δομές της γλώσσας. Λέμε ότι είναι το τάδε πράγμα, ότι υπάρχει το δείνα, αλλά αυτό περνάει πάντα από την γλώσσα. Στη συνέχεια κάναμε το ίδιο με άλλες διαδηλώσεις. Μετά από λίγο καιρό η καταγραφή του περιεχομένου των φωτογραφιών γινόταν σχεδόν αυτόματα, χάρη στη συνήθεια μιας ανάγνωσης, με το να ανανεώνουμε αυτές τις φωτογραφίες, να τις τοποθετούμε, να τις τακτοποιούμε, να αναρωτιόμαστε τι υπήρχε μέσα σ'αυτές. Οι φωτογραφίες που βγήκαν φλού ή πολύ σκοτεινές, ελλείψει ενός φίλμ αρκετά ευαίσθητου, μπήκαν στην άκρη. Στο τέλος αυτών των διαδικασιών εξοικειωθήκαμε κατά κάποιον τρόπο με αυτές τις φωτογραφίες, ταξινομώντας τες, απο-ταξινομώντας τες. Σε κάθε μία φωτογραφία αποδόθηκε ένας δείκτης με τον τόπο προέλευσής της, τον αριθμό του φίλμ, τον αριθμό λήψης. Και μπορούμε να καταλάβουμε ότι αυτό ήταν ιδιαίτερα σημαντικό για μια διαδήλωση όπως αυτή της 23ης Μαρτίου 1979, όπου υπήρξαν διαδοχικά φαινόμενα βίας[14].»

Συνεπώς, δεν πρέπει να ξεχνάμε ότι οι φωτογραφίες της έκθεσης δεν αποτελούν αυτόνομες και μεμονωμένες εικόνες αλλά τμήματα σειρών φωτογραφιών, και παρήχθησαν στο πλαίσιο ενός εγχειρήματος συστηματικής κατηγοριοποίησης και ταξινόμησης το οποίο, παρότι έμεινε ημιτελές, καθορίζει εξ αρχής το νόημά τους. Το φωτογραφικό αρχείο της ομάδας *Μνήμη* συγκροτήθηκε με σκοπό την καταγραφή της γενικής οργάνωσης των διαδηλώσεων, τη μελέτη των ατομικών και συλλογικών συμπεριφορών που εκδηλώνονται σε αυτές, και την ανάλυση της ιδιαίτερης οικειοποίησης και της ιδιαίτερης διαμόρφωσης του αστικού χώρου που συνεπάγονται[15]. Έτσι, η χειρονομία επιλογής, απομόνωσης και αναδιοργάνωσης των εικόνων, ομοούσια της έκθεσης, αποτελεί από μόνη της μια επέμβαση σε αυτό το νόημα και «αισθητικοποιεί», σε κάποιο βαθμό, τα φωτογραφικά τεκμήρια. Πρόθεσή μας ήταν να περιορίσουμε σε λειτουργικά πλαίσια αυτή την – συνειδητή – επέμβαση, αποφεύγοντας, ελπίζουμε, να «αναισθητοποιήσουμε» τις εικόνες, και επικεντρώνοντας στην οπτική πληροφορία παρά στη φωτογραφία-αντικείμενο. Παράλληλα, προσπαθήσαμε να δείξουμε πώς η διαφορά μπορεί να προκύψει όχι ενάντια στην, αλλά μέσα από την επανάληψη, φλερτάροντας ίσως με το λεπτό όριο που υπάρχει ανάμεσα στην ομορφιά της φωτογραφίας και στη δύναμη του αντικειμένου της.

Οπτικότητα και σωματικότητα καθορίζουν τους δύο κύριους άξονες της έκθεσης: η διαδήλωση ως θέαμα και ως ενσώματη γλώσσα. Οι φωτογραφίες συνοδεύονται από τις λεζάντες που τους έδωσε ο ίδιος ο Collet. Οι λεζάντες αυτές είναι ενδεικτικές του βλέμματος του Γάλλου εθνολόγου, δηλαδή του τι παρατηρεί στις εικόνες και του πώς τις συσχετίζει μεταξύ τους. Περισσότερο από λεζάντες, με την κλασική έννοια της περιγραφής, πρόκειται για σχόλια και σημειώσεις που άλλοτε επικεντρώνονται σε ένα συγκεκριμένο στοιχείο ή σχέση εντός της εικόνας, άλλοτε την επεκτείνουν εκτός των ορίων της. Παραδείγματος χάριν, η λεζάντα της κάτω φωτογραφίας στη σελίδα 102 («Καθιστοί, κάποιοι κοιτάζουν το θέαμα. Η διαδήλωση γίνεται μίμηση. Εξωτερικοί παρατηρητές-διαδηλωτές») προσανατολίζει την φωτογραφία στον –επιστημολογικό– διαχωρισμό μεταξύ παρατηρητή και παρατηρούμενου. Ξαναβρίσκοντας εντός της διαδήλωσης (ή μάλλον στο περιθώριό της) τη σχέση του ανθρωπολόγου με το αντικείμενό του, ο Collet χρησιμοποιεί τη φωτογραφία

[14] Serge Collet, *Έκθεση της ομάδας Μνήμη στο σεμινάριο της Noëlle Gérôme*, ό.π.

[15] Βλ. Noëlle Gérôme, «Ethnologie des manifestations de rues parisiennes en 1978-1979. Exposé du groupe MNEME au Centre d'Ethnologie Française le 30 Mai 1980» [«Εθνολογία των παρισινών διαδηλώσεων το 1978-1979. Έκθεση της ομάδας Μνήμη στο Κέντρο Γαλλικής Εθνολογίας στις 30 Μαΐου 1980»], δακτυλογραφημένο κείμενο. Αρχείο Serge Collet, Εργαστήριο Οπτικής Ανθρωπολογίας «Εικόνα, Μουσική, Κείμενο», Πανεπιστήμιο Κρήτης.

ως μέσο αναστοχασμού της ανθρωπολογίας (της ανθρωπολογίας με την έννοια της μελέτης της συμβολικής ικανότητας του ανθρώπου), και μέσω της εικόνας σκέφτεται τη διαδήλωση ως διαδικασία παραγωγής θεάματος.

Βρίσκουμε αυτό το ενδιαφέρον για την οπτικότητα, τους παρατηρητές, το περιθώριο της διαδήλωσης-θέαμα, συνοδευόμενο από μια ευαισθησία στη γλώσσα του σώματος, σε διάφορες άλλες φωτογραφίες, όπως η φωτογραφία στη σελίδα 101, που συνοδεύεται από την λεζάντα: «Ερώτηση: υπάρχει μία τάξη ακόμα και στο πεζοδρόμιο; Κοιτάζοντας ακουμπισμένοι στον τοίχο – στην άκρη του πεζοδρομίου. Σημασία: θέαμα ή εκδήλωση αλληλεγγύης;» ή η εικόνα της σελίδας 119. Η λεζάντα της φωτογραφίας στη σελίδα 104, («Πεζοδρόμιο. Πωλητής εφημερίδων. Θέαμα, παρέλαση ή ποδηλατικός αγώνας»), υπαινίσσεται μια ψευτοαφελή ανάγνωση της εικόνας η οποία αναστέλλει προσωρινά το πλαίσιο αναφοράς και, μέσα από την απορία που εκφράζει, φέρνει στην επιφάνεια τις ανθρωπολογικές ομοιότητες που υπάρχουν ανάμεσα σε διαφορετικούς τύπους θεάματος. Η φωτογραφία στη σελίδα 81 αριστερά («Δύο στιγμές διαφαίνονται καθαρά. Η στιγμή "καθοδήγηση" προηγείται της "χαλαρής κουβέντας"») και η φωτογραφία στη σελίδα 81 δεξιά («Νοσοκομειακή υπάλληλος – χαλυβουργός. Το σώμα ως φορέας σημείων. Δύο τμήματα – φαινόμενο σύνδεσης. Μια στιγμή χαλάρωσης, το διάλειμμα της διαδήλωσης»), από την άλλη πλευρά, συνδέονται με μία χρονική σχέση (πρίν-μετά), που ξαναβρίσκουμε, με εντελώς διαφορετικό τρόπο, στην φωτογραφία στη σελίδα 117 πάνω («Προσχέδιο οδοφράγματος»): οι μεταλλικές ποδιές των δέντρων των παρισινών λεωφόρων που έχουν αφαιρεθεί από τους διαδηλωτές γίνονται σημεία που παραπέμπουν σε μια διαφορετική, μελλοντική χρήση. Αλλά η διαδήλωση γίνεται επίσης ευκαιρία αναστοχασμού πάνω στην ίδια τη φωτογραφία και την εικόνα ως κοινωνικές και πολιτισμικές διαδικασίες: η λεζάντα της φωτογραφίας στη σελίδα 97 πάνω («Καλά εξοπλισμένοι φωτογράφοι. Νεορομαντισμός. Το στριφτό τσιγάρο, το αδιάβροχο, τα χρώματα, η εσάρπα, ανοιχτό λευκό πουκάμισο και μαύρο γιλεκάκι. Σκηνοθεσὶα ενός κοινωνικού ρόλου, εδώ, αυτού του ρεπόρτερ-φωτογράφου») αποτελεί ένα ειρωνικό σχόλιο πάνω στην εικόνα των ειδικών της εικόνας.

Εκτός από τις φωτογραφίες, η έκθεση περιλαμβάνει ορισμένα έντυπα τεκμήρια που βρίσκουμε στο αρχείο, όπως: τον *Φάκελο Μνήμη* (χειροποίητο φωτογραφικό άλμπουμ αφιερωμένο στην διαδήλωση της 23ης Μαρτίου 1979 που συνοδεύεται από ένα κείμενο παρουσίασης της ομάδας *Μνήμη* παραθέτουμε τη μετάφραση του κειμένου αυτού στο Παράρτημα 3, καθώς και μια επιλογή τεκμηρίων από το περιεχόμενο του Φακέλου: έγχρωμες αναπαραγωγές με μία κονκάρδα, αποκόμματα εφημερίδων, και τον χάρτη της διαδήλωσης, δύο πρωτότυπα φυλλάδια της CGT (της Γενικής Εργατικής Συνομοσπονδίας, του ισχυρότερου εργατικού συνδικάτου της εποχής στη Γαλλία), ένα πρωτότυπο απόκομμα της έκδοσης *La Vie Ouvrière*, καθώς και τεκμήρια σχετικά με το ηχητικό τοπίο της διαδήλωσης (ένα χειρόγραφο δελτίο ταξινόμησης με καταγραφές ύμνων και συνθημάτων, και μια δακτυλογραφημένη καταγραφή τραγουδιού της διαδήλωσης). Επίσης, εκτίθενται ένα τεύχος της εβδομαδιαίας έκδοσης *Vie Ouvrière Métaux*, που κυκλοφόρησε από το 1968 μέχρι το 1980, τέσσερα τεύχη του περιοδικού *Elles voient rouge* και μία μεταξοτυπημένη αφίσα του 1985 ενάντια στην αστυνομική προβοκάτσια, υπογεγραμμένη BIP BOP. Τα τεκμήρια αυτά συνοδεύονται από μαγνητοφωνημένη ηχητική καταγραφή της διαδήλωσης της 23ης Μαρτίου 1979, η οποία ψηφιοποιήθηκε και αποκαταστάθηκε για τις ανάγκες της έκθεσης.

Τέλος, θα θέλαμε να ευχαριστήσουμε θερμά όσους συνεισέφεραν, με τον ένα ή με τον άλλο τρόπο, στην πραγματοποίησή της: πρώτη από όλους την Barbara Collet, τόσο για την δωρεά του αρχείου όσο και για τη διαθεσιμότητα και την συνεργασία της στην προσπάθειά μας να συγκεντρώσουμε όσο το δυνατόν περισσότερα κομμάτια του πάζλ της έρευνας του Serge Collet πάνω στις διαδηλώσεις και να αποκρυπτογραφήσουμε τις συχνά δυσανάγνωστες σημειώσεις και χειρόγραφα κείμενά του. Χάρη στην Barbara Collet, επίσης, μπορέσαμε να προσεγγίσουμε τον José Cordon, στενό συνεργάτη του Collet την εποχή της ομάδας Μνήμη, η συμβολή του οποίου υπήρξε καθοριστική στην αρχειακή έρευνα και στην επιστημονική τεκμηρίωση της έκθεσης. Αυτή η τελευταία δεν θα ήταν δυνατή χωρίς την ευγενική χορηγία και την ενεργή υποστήριξη του Ιδρύματος Παναγιώτη και Έφης Μιχελή, το οποίο την φιλοξενεί. Το Ίδρυμα Μιχελή υπήρξε ο θεσμικός καταλύτης της έκθεσης, καθώς η αρχειακή έρευνα πάνω στην οποία αυτή βασίστηκε ξεκίνησε κατά τη διάρκεια της θητείας του υπογράφοντος στη Θέση Αισθητικής και Φιλοσοφίας της Τέχνης, που χρηματοδοτείται από το Ίδρυμα, στο Τμήμα Φιλοσοφικών και Κοινωνικών Σπουδών της Φιλοσοφικής Σχολής του Πανεπιστημίου Κρήτης. Ένα μεγάλο ευχαριστώ στο Διοικητικό Συμβούλιο του Ιδρύματος και τον Πρόεδρό του, Λάμπρο Αναγνωστόπουλο, καθώς και στην Μαρίνα Τσούλου και την Βιολέττα Κατοίκα. Ιδιαίτερη μνεία πρέπει να γίνει στον Άρη Τσαντηρόπουλο, Αναπληρωτή Καθηγητή στο Πανεπιστήμιο Κρήτης και Διευθυντή του Εργαστηρίου Οπτικής Ανθρωπολογίας «Εικόνα, Μουσική, Κείμενο», χάρη στις πρωτοβουλίες του οποίου το αρχείο Serge Collet έφτασε στο Ρέθυμνο, και ο υπογράφων έλαβε γνώση της ύπαρξής του. Ο Άρης Τσαντηρόπουλος ήταν ο κύριος καθοδηγητής της έρευνας και ο ηθικός αυτουργός της φωτογραφικής έκθεσης. Στην πραγματοποίηση αυτής συνεισέφεραν επίσης, η καθεμία και ο καθένας με τον τρόπο της-του, η Μαρία Ζουριδάκη, διδακτορική φοιτήτρια του Πανεπιστημίου Κρήτης η οποία μελετά το φωτογραφικό αρχείο του Collet που αφορά στην αλιευτική πολιτισμική κληρονομιά, η Χριστίνα Μαυρίκη, μεταπτυχιακή φοιτήτρια, και ο Γιώργος Ζαμπακάς, που επιμελήθηκε το ηχητικό κομμάτι.

Βαγγελης Αθανασοπουλος

Βιβλιογραφία

Althusser, L. 1999. Φρόυντ και Λακάν. Στο: *Θέσεις (1964-1975)*, μτφρ. Ξ. Γιαταγάνας. Αθήνα: Θεμέλιο.

Athanassopoulos, V. και Boutan, N. (επιμ.) 2016. Le commissariat comme forme de recherche [Η επιμέλεια εκθέσεων ως μορφή έρευνας]. *Proteus*, 10, <http://revue-proteus.com/Proteus10.pdf> (17.02.2022).

Barthes, R. 1983. *Ο φωτεινός θάλαμος. Δοκίμιο για τη φωτογραφία*, μτφρ. Γ. Κρητικός. Αθήνα: Ράππα.

Barthes, R. 2007α. *Εικόνα, Μουσική, Κείμενο*, μτφρ. Γ. Σπανός. Αθήνα: Πλέθρον.

Barthes, R. 2007β. *Μυθολογίες – Μάθημα*, μτφρ. Κ. Χατζηδήμου. Αθήνα: Κέδρος.

Collet, S. 1993. *Uomini e pesce: la caccia al pesce spada tra Scilla e Cariddi* [Άνθρωποι και ψάρια: το κυνήγι του ξιφία ανάμεσα στη Σκύλλα και τη Χάρυβδη]. Κατάνια: Maimone.

Collet, S. 1982. La manifestation de rue comme production culturelle militante [Η διαδήλωση ως στρατευμένη πολιτισμική παραγωγή]. *Ethnologie Française*, 12:2, 167-176.

Collet, S. 1984. Les pratiques manifestantes comme processus révélateur des identités culturelles [Οι πρακτικές της διαδήλωσης ως διαδικασία ανάδειξης των πολιτισμικών ταυτοτήτων]. *Terrain*, 3, 56–58.

Collet, S. 2017. *Le guerrier, le chat, l'aigle, le poisson et la colonne: la voie spiralée des signes. Approche sémiologique, structurale et archéologique du Disque de Phaistos* [Ο πολεμιστής, η γάτα, ο αετός, το ψάρι και η κολόνα: το σπειροειδές μονοπάτι των σημείων. Σημειολογική, δομιστική και αρχαιολογική προσέγγιση του Δίσκου της Φαιστού]. *Prehistorica Mediterranea*, 6. Οξφόρδη: Archaeopress.

Collier, J. και Collier, M. 1967. *Visual Anthropology: Photography as a Research Method.* Νέα Υόρκη: Holt, Rinehart and Winston.

Deleuze, G. 2018. Η πράξη της δημιουργίας. Στο: G. Agamben, *Δημιουργία και Αναρχία. Το έργο στην εποχή της καπιταλιστικής θρησκείας*, μτφρ. Π. Καλαμαράς. Αθήνα: Έρμα, 113–29.

Gérôme, N. 1988. Une ethnographie des manifestations ou une anthropologie culturelle du politique?. *L'ethnologie et les manifestations*, <https://hal.archives-ouvertes.fr/hal-00470028> (02.05.2020).

Guinard, D. 1982. La «manif» ou la culture dans la rue. *Le Monde Dimanche*, 22 Φεβρ. 1982, 5, <https://www.lemonde.fr/archives/article/1982/02/22/la-manif-ou-la-culture-dans-la- rue_2887034_1819218.html> (02.05.2020).

Labica, G. και Bensussan, G. (επιμ.) 1985. *Dictionnaire critique du marxisme.* Παρίσι: Presses universitaires de France.

Lévi-Strauss, C. 1977. *Άγρια σκέψη*, μτφρ. Ε. Καλπουρτζή. Αθήνα: Παπαζήσης.

Mead, M. και Bateson, G. 1977. Margaret Mead and Gregory Bateson on the Use of the Camera in Anthropology. *Studies in Visual Communication*, 4:2, 78–80.

Rouch, J., Wanono, N. και Dieterlen, G. 1987. *Ciné-rituel de femmes dogon.* Παρίσι: CNRS Editions.

Tartakowsky, D. 2004. *La manif en éclats*. Παρίσι: La Dispute.

Αθανασόπουλος, Β. 2021. Προς μια ανθρωπολογική αισθητική της διαδήλωσης. Οι φωτογραφίες του αρχείου Serge Collet. *Αριάδνη*, 27, 109-127.

Σκαρπέλος, Γ. 2011. *Εικόνα και κοινωνία. Από την κοινωνική φωτογραφία στην οπτική κοινωνιολογία.* Αθήνα: Τόπος

Street Memories

Demonstrations as Cultural Production through the Photographs of the Serge Collet Archive

Introduction

Serge Collet (1950–2016) was a French ethnologist of Lithuanian descent, a contract researcher at the French National Centre for Scientific Research (CNRS) and a scientific advisor to the European Commission, best known for his research on Mediterranean halieutic societies (Collet 1993). Erudite, multilingual, politicized, and cosmopolitan (he liked to call himself "Ulysses") with a multifaceted personality, he lived in Paris, Germany (where he was also the first to introduce the field of Marine Anthropology to the University of Hamburg), Italy (where he taught as a visiting professor at the University of Catania), Egypt, and Senegal before finally settling in Crete. After his death in August 2016 in Ierapetra, his wife Barbara Collet donated his library and personal archive to the University of Crete; they are now kept in the university library and the Laboratory of Visual Anthropology "Image, Music, Text" of the Department of Philosophy and Social Studies, housed in the Research Center for the Humanities, the Social and Education Sciences (UCRC).

At first, Collet studied philosophy at the Honoré de Balzac Lyceum in Paris (preparing for the École Normale Supérieure entrance examinations) and the University of Nanterre with André Lécrivain, Alexandre Matheron (who introduced him to Spinoza), and Georges Labica. After completing his thesis on the functions of economic fetishism in capitalist societies, he began working on a doctoral dissertation in sociology at the École Pratique des Hautes Études in Paris. His supervisors were Paul-Henry Chombart de Lauwe, one of the pioneers of urban sociology in France, and Zdenek Strmiska, the former director of the Institute of Social Sciences in Prague. In 1980, he defended his dissertation "Sujets, État, Civiltà; Propositions théoriques pour une Anthropologie Critique des modes de vie" [Subjects, State, Culturalism: Theoretical Proposals for a Critical Anthropology of the Modes of Life]. In this essay, Collet critically employed and adapted various theoretical paradigms of social theory (Frankfurt School, theory of Parsons and Shils, systems theory) to the changes French society underwent since 1968, elaborating on the Gramscian analysis of the structural changes in the modes of life and the consequences of these changes in the field of politics.[16]

Politically engaged (like many French intellectuals of his time who were French Communist Party members) and a trade union member while studying for his doctorate (1973–1980), Collet was also the founder, in 1978, of *the Mnémé Group*, an independent research initiative that included José Cordon, Yvette Izabel, and Marcel Scheer. *Mnémé* was devoted to the systematic documentation, classification, and study of the demonstrations

[16]Collet derives from Gramsci an approach to the dialectic relationship between the social and the political, which "socializes" the political, in the sense that it introduces into the latter the integral social dimension that Collet calls the "total social fact". The term "civiltà", which Collet uses, refers to a society's lifestyles or modes of life, which constitute this "total social fact" that can be perceived as the cultural dimension of everyday life.

that took place in the greater Paris area in the late 1970s and early 1980s, creating an extensive and still untapped archive (Collet 1982 and Collet 1984).

Collet was also what one might call an amateur archaeologist. An extensive analysis he had conducted of the Phaistos Disc was published after his death (Collet 2017). It is worth noting that he also directed a film titled *Voices of the Sea*[17] in 2009. A twenty-five-minute-long short visual poem about the sea, which lacks a specific plot or action and is strongly influenced by Surrealism. This film was part of the Ecost European research project and represented, as Collet himself noted, a course change in the life of its creator, after 25 years of researching halieutic societies. With this film, the ethnologist-anthropologist returns to his first cinematic experiences in the mid-1970s with his friend the poet and video artist Patrick Morelli, and, 20 years later, with the filmmaker Gianfranco Serraino, thus intersecting science, autobiography, and artistic creation.

It would perhaps be unfair to Collet to attempt to describe his work by integrating it in the very academic categories it challenges, combines, and expands. However, it would also be difficult to get a sense of this interdisciplinary drive without at least referring to the theoretical framework within which his thought developed in the 1970s. This framework is the framework of most French intellectuals of his generation, i.e., a combination of structuralism, Marxism, and psychoanalysis, theories whose relations were not always the best. Marxism is the dominant trend in the social sciences in France during the years of Collet's doctorate and it is the milieu he inhabits. It is the Marxism of Georges Labica, a member of Collet's doctoral committee and the co-editor of the *Dictionnaire Critique du Marxisme* [Critical Dictionary of Marxism], which Collet himself contributed to (Labica and Bensussan 1985). The structuralism is that of Claude Lévi-Strauss (as regards anthropology and ethnology) filtered through the criticism leveled by Maurice Godelier (another member of Collet's doctoral committee and, subsequently, his collaborator). But above all, the structuralism refers to the semiology of Roland Barthes and the novel approach he introduced to the analysis of texts and images (Barthes 1977 and 1972). Finally, the psychoanalysis is that of Jacques Lacan, which allowed for a critique of the Marxist and the structural model as well as for the possibility of combining and intersecting them (Althusser 1996). But perhaps the most important contribution of psychanalysis to the Humanities in general and Social Anthropology in particular is a new approach to language, the subject, and consciousness (with Freud's discovery of the unconscious and its definition by Lacan as "the language of the Other"), as well as their complicated relationship with the gaze and physicality.

Little has been written to date about the very versatile yet overlooked researcher that Collet was, a researcher inspired by the humanistic ideal of the whole man and scientist, beyond the narrow confines of university specialization and the acquired reflexes of homo academicus. The main source of information remains the website created by his wife, Barbara.[18]

[17]Available on YouTube: https://www.youtube.com/watch?v=8aqMBAzMCxO, accessed on 28/10/2021.

[18]See http://www.sergecollet.de/, accessed on 28/10/2021. I would also refer the reader to my 2021 article in Ariadne, 27 (Athanassopoulos 2021).

BRASSERIE AU 1er ETAGE
AUJOURD'HUI LA SIDERUR
DEMAIN LE S-E-I-T-A

Το έργο της ομάδας Μνήμη.

Ένα «πείραμα» για τη φωτογραφική και ηχητική καταγραφή του φαντασιακού;

Φωτογραφία ονομάστηκε, την τρίτη δεκαετία του 19ου αι., το τεχνολογικό επίτευγμα το οποίο επέτρεπε με μηχανικά μέσα και με συνδρομή της χημείας, τη ρεαλιστική καταγραφή και απεικόνιση της πραγματικότητας. Πρόκειται για μια δυνατότητα, η οποία ταυτόχρονα έχρισε ως συνοδοιπόρο της μια βεβαιότητα: το φωτογραφούμενο αντικείμενο ήταν εκεί, όντως υπήρξε παρόν τη στιγμή του πατήματος του κουμπιού της φωτογραφικής μηχανής και της μόνιμης αποτύπωσής του στη φωτοευαίσθητη επιφάνεια στο εσωτερικό της (μεταλλική ή γυάλινη πλάκα, φιλμ, αισθητήρα) (Barthes 2008). Πρόκειται για μια βεβαιότητα, η οποία στον άνθρωπο του 21ου αιώνα, μάρτυρα της θέασης χιλιάδων (ή εκατομμυρίων) φωτογραφιών, έχει πλέον δημιουργήσει ένα habitus (έξις, προδιάθεση), το οποίο καθορίζει την πρόσληψη της φωτογραφίας τη στιγμή της θέασής της. Σε περιόδους πολέμων και γενικά κοινωνικών συγκρούσεων, το habitus γίνεται αντικείμενο χειρισμού από όλες τις πλευρές, με στόχο να μεταφέρει ένα μήνυμα, το οποίο, ως τεκμήριο απόδειξης, νοηματοδοτεί ένα γεγονός ή συμβάν. Η φωτογραφία των δύο σοβιετικών στρατιωτών που έχουν υψώσει μια τεράστια σημαία με το σφυροδρέπανο στην κορυφή του Reichstag στις 2 Μαΐου 1945[30], η φωτογραφία του Joe Rosenthal με τους έξι αμερικάνους πεζοναύτες που σηκώνουν ένα πανύψηλο κοντάρι με μια τεράστια σημαία της χώρας τους στο νησί Ίβο Τζίμα της Ιαπωνίας κατά τη διάρκεια της μάχης τον Φεβρουάριο του 1945[31], και ο στρατιώτης του Ισπανικού Δημοκρατικού Στρατού τη στιγμή που πέφτει νεκρός, απαθανατισμένος από τον Robert Cappa[32], είναι κάποιες χαρακτηριστικές φωτογραφίες, στις οποίες έχουν αποτυπωθεί μετωνυμικά και έχουν εγγραφεί στη συλλογική μνήμη, πολύ σημαντικά γεγονότα του 20ού αιώνα[33]: η ήττα του Γ' Ράιχ, η αμερικανική στρατιωτική υπεροχή στον Ειρηνικό Ωκεανό, η ήττα των Δημοκρατικών από τους Εθνικιστές του Φράνκο στον Ισπανικό Εμφύλιο Πόλεμο (1936-1939). Η εικόνα-σύμβολο, της δεκαετίας του 1960, των αντιπολεμικών κινημάτων σε Αμερική και Ευρώπη, είναι η φωτογραφία του Γάλλου φωτορεπόρτερ Marc Riboud, με τίτλο «Το κορίτσι με το λουλούδι». Πρόκειται για τη γνωστή απεικόνιση μιας νέας να προτάσσει ένα λουλούδι μπροστά στις κάνες των όπλων Αμερικανών στρατιωτών στη διάρκεια πορείας εναντίον του πολέμου στο Βιετνάμ[34].

Επίσης, σήμερα γινόμαστε μάρτυρες εικόνων που προβάλλονται διαρκώς στα ΜΜΕ ή αναρτώνται στα social media για να προκαλέσουν συναισθήματα με στόχο τη διαμόρφωση θέσεων για σημαντικά τρέχοντα γεγονότα, ακόμα και να παροτρύνουν σε δράση. Σε τελική ανάλυση, μπορούμε να ισχυριστούμε ότι το γεγονός ή το συμβάν και η επιβεβαίωσή του μέσω του τεκμηρίου της εικόνας (φωτογραφία ή βίντεο) έχουν εδραιωθεί στη συλλογική συνείδηση αδιαχώριστα όπως οι δύο όψεις μιας σελίδας χαρτιού. Μάλιστα στον Πρώτο Πόλεμο στον Περσικό Κόλπο (1990-1991), η απαγόρευση εικόνων πολέμου (νεκρών και καταστροφών) στα Δυτικά ΜΜΕ – υποτίθεται για λόγους

30 Βλ. https://en.wikipedia.org/wiki/Raising_a_Flag_over_the_Reichstag, πρόσβαση στις 13/6/2022.

31 Βλ. https://en.wikipedia.org/wiki/Raising_the_Flag_on_Iwo_Jima, πρόσβαση στις 13/6/2022.

32 Βλ. https://www.metmuseum.org/art/collection/search/283315, πρόσβαση στις 13/6/2022.

33 Βλ. και Κούρτοβικ 2002.

34 Βλ. http://photoclub-montreuil-slv11.blogspot.com/2012/02/la-photographie-de-a-z-les-grands.html,πρόσβαση στις 13/06/2022.

ασφαλείας[35], στην πραγματικότητα για την αποτροπή αντιδράσεων και κινητοποιήσεων ενάντια του πολέμου όπως είχε συμβεί όταν ήρθαν εικόνες πολέμου από το Βιετνάμ – οδήγησε τον Γάλλο φιλόσοφο Jean Baudrillard να δημοσιεύσει ένα άρθρο με τίτλο: «Ο πόλεμος του Κόλπου δεν συνέβη» (Baudrillard 1991). Η προβολή των φωτογραφιών αυτών από τα ΜΜΕ – άλλωστε αυτός ήταν και ο σκοπός της λήψης τους – τις κατέστησε εικόνες-σύμβολα μετωνυμικών απεικονίσεων ενός πολέμου χωρίς εικόνα-ντοκουμέντο και των καταστροφών που αυτός ο πόλεμος προκαλούσε.

Αυτές οι δυνατότητες και οι συνακόλουθες ιδιότητες της φωτογραφικής εικόνας, οι οποίες, αντίστοιχα, την καθιστούν μάρτυρα και τεκμήριο του απεικονιζόμενου αντικειμένου, αποτελούν για την ομάδα Mnémé τα κριτήρια για την επιλογή της ως μεθοδολογικού εργαλείου ανθρωπολογικής έρευνας με αντικείμενο ένα σημαντικό γεγονός, το οποίο επίσης εμπεριέχει βία: τη διαδήλωση. Συγκεκριμένα, τις διαδηλώσεις στο Παρίσι, στον απόηχο της ταραγμένης από τα κινήματα της δεκαετίας του 1960 σε πολλές χώρες της Ευρώπης και στην Αμερική, ενάντια στις κατεστημένες αξίες μιας υλικής ευημερίας και προόδου που ευαγγελιζόταν η μεταπολεμική κοινωνία. Σε αυτά αναδείχτηκε ως ενεργό ιστορικό υποκείμενο η νεολαία, με αναζητήσεις και στόχους που τροφοδοτούνταν από νέες διεκδικήσεις, οι οποίες συσπείρωναν ομάδες, όπως φεμινίστριες, μειονότητες, κινήματα ενάντια στον πόλεμο και στην αποικιοκρατία κλπ. Συνεπώς τίθεντο και ζητήματα αναζήτησης νέων μορφών και τρόπων διαμαρτυρίας.

Στόχος του εγχειρήματος του Serge Collet δεν ήταν η δημιουργία φωτογραφιών για να δοθούν στη δημοσιότητα, όπως κάνει ο ρεπόρτερ φιλοδοξώντας στο μετασχηματισμό τους σε εμβληματικές («επικές» όπως κριτικά τις προσδιορίζει ο Collet) εικόνες της ιστορίας. Για αυτό και δεν επιλέγονται επαγγελματίες ή καλλιτέχνες φωτογράφοι αλλά κοινωνικοί επιστήμονες και στις φωτογραφίες παραβιάζονται οι κανόνες σύνθεσης του κάδρου, καθώς το κατεξοχήν ζητούμενο της απεικόνισης είναι «να εμπλουτιστεί [ενν. ο ερευνητής] από τις αντιφάσεις του πραγματικού και από τον αντίκτυπό του. Όχι ενός πραγματικού άμορφου, ασηπτικού όπως αυτό του πάνθεου επιφανών προσώπων ή το αρμάθιασμα διαπαιδαγωγητικών ιστοριών απ' όπου σβήνονται οι ρήξεις, οι δυσυμμετρίες»[36]. Σε αυτή τη λογική το ερευνητικό πρόγραμμα ονομάζεται Μνήμη, όπου «Μνήμη δεν θα είναι ωστόσο η αποθήκευση του έπους της διαδήλωσης, το ανθολόγιο όπου το έπος θα ήταν υποχρεωμένο να παρελάσει στοιχισμένο, η μια εικόνα μετά την άλλη. Αυτές οι εικόνες δεν είναι δικές μας, εικόνες εμβληματοποιημένων σωμάτων που διαδηλώνουν, εικόνες νέων τρόπων οργάνωσης, εικόνες βίας, εικόνες αλληλεγγύης, εικόνες μιας μεταμορφωμένης αστικότητας»[37]. Αντίθετα, ο όρος Μνήμη εκλαμβάνεται ως «ένα είδος γενεαλογίας των πολλαπλών μορφών αντιστάσεων, αδιόρατων ή εμφανών, μαζικών ή όχι»[38]. Η χρήση της έννοιας «γενεαλογία» από τους συντάκτες του κειμένου δεν μπορεί να θεωρηθεί τυχαία, καθώς παραπέμπει στον Νίτσε αλλά και στη χρήση της από τον Γάλλο φιλόσοφο Michel Foucault, την οποία αναπτύσσει σε τρία κείμενά του που έγραψε μεταξύ 1964-1974. Πρόκειται για την διερεύνηση μιας «γενεαλογικής μνήμης» όπου η γενεαλογία έχει τη θέση μεθόδου έρευνας αντίθετη στην τελεολογία, όχι επειδή μπορεί να οδηγήσει στη «μεταϊστορική εκδίπλωση ιδανικών σημασιών» (Foucault 2003: 40), αλλά επειδή στόχο έχει «να παραμονεύει [τα συμβάντα] εκεί όπου μόλις και μετά βίας τα περιμένει κανείς, και μέσα σ' αυτό που μοιάζει να μην έχει καθόλου ιστορία – στα

35 Βλ. σχετικά: https://en.wikipedia.org/wiki/Media_coverage_of_the_Gulf_War, https://www.shutterstock.com/el/editorial/image-editorial/gulf-war-kuwait-an-oil-coated-cormorant-on-beach-at-kuwait-saudi-arabia-border-1377434a, πρόσβαση στις 13/06/2022.

36 Yvette Izabel και Serge Collet, «Mnémé» [«Μνήμη»], 13 Απριλίου 1979, δακτυλογραφημένο κείμενο, μτφρ. Βαγγέλης Αθανασόπουλος. Αρχείο Serge Collet, Εργαστήριο Οπτικής Ανθρωπολογίας «Εικόνα, Μουσική Κείμενο», Πανεπιστήμιο Κρήτης.

37 Yvette Izabel και Serge Collet, «Μνήμη», ό.π.

38 Yvette Izabel και Serge Collet, «Μνήμη», ό.π.

συναισθήματα, στον έρωτα, στη συνείδηση, στα ένστικτα.Να συλλαμβάνει την επάνοδό τους, όχι για να διαγράψει τη βραδεία καμπύλη μιας εξελικτικής πορείας, αλλά για να ξαναβρεί τις διάφορες σκηνές όπου διαδραμάτισαν διαφορετικούς ρόλους. Να προσδιορίσει μάλιστα το σημείο έκλειψής τους, τη στιγμή κατά την οποία δεν έλαβαν χώρα» (Foucault 2003: 39-40). Πρόκειται για μια συνθετική μέθοδο η οποία, μη πιστεύοντας στην επάρκεια ενός παροντικού (και αποβλεπτικού θα προσθέταμε), σαφούς και ευκρινούς τοπίου, μετατοπίζει το ενδιαφέρον από τη γνώση του αποτελέσματος σε αυτήν της αιτίας: «η αληθής γνώση του αποτελέσματος εξαρτάται η ίδια από τη γνώση της αιτίας [...] η γνώση της αιτίας είναι τελειότερη» (Deleuze [1968] 2002: 194). Συνέπεια της γενεαλογικής προσέγγισης και της συνακόλουθης αναζήτησης αιτιών, δηλαδή του προγενέστερου, είναι οι παράμετροι συνέπειες-αποτελέσματα να μην λαμβάνονται υπόψη. Επίκεντρο είναι το μνημονικό αποτύπωμα ως δημιουργική δύναμη σε μια συγχρονική διαδικασία, και όχι η αξιολόγησή του από τις «εκ των υστέρων» συνέπειες και τα αποτελέσματά του.

Θα μπορούσαμε να ισχυριστούμε, σύμφωνα με το «πνεύμα» του εμπνευστή του ερευνητικού προγράμματος και επικεφαλής της ομάδας Μνήμη, Serge Collet, όπως αυτό αποτυπώνεται στο συνολικό συγγραφικό του έργο καθώς και στις συνεντεύξεις που έγιναν με την σύζυγό του Barbara Collet, τον συνεργάτη του José Cordon,[39] και στις συζητήσεις των δύο τελευταίων με τον Βαγγέλη Αθανασόπουλο, μελετητή του φωτογραφικού αρχείου, ότι η διαδήλωση προσεγγίζεται ως ένα σημαίνον το οποίο ταυτόχρονα παραπέμπει σε δύο αδιαχώριστα σημαινόμενα. Το πρώτο σημαινόμενο παραπέμπει στην έννοια ενός πλήθους ατόμων που βαδίζει σε μια συγκεκριμένη διάταξη, κρατώντας πανό ή πλακάτ με εικόνες-σύμβολα (κομμάτων, συνδικάτων, προσώπων κλπ.), με εγγραφές σε αυτά σύντομων φράσεων, αιτημάτων ή πολιτικών θέσεων. Το δεύτερο σημαινόμενο παραπέμπει σε μια έννοια που προσιδιάζει στην «χορωδία», είναι ένα πλήθος που βαδίζει σε διάταξη, σε συντονισμό και ρυθμικά φωνάζει τα συνθήματα, βγάζει ιαχές ή τραγουδά. Σε αυτή τη λογική δεν είναι τυχαία η επιλογή και χρήση του κασετόφωνου ως μεθοδολογικού εργαλείου, ως μέσου μηχανικής καταγραφής και αναπαραγωγής ενός άλλου στοιχείου της πραγματικότητας, δηλαδή του ήχου. Μάλιστα, την κύρια ευθύνη της ηχητικής καταγραφής την είχε ο ίδιος ο Collet[40].

Ο στόχος της έρευνας, συνοπτικά και σύμφωνα με τους συμμετέχοντες σε αυτήν, «βασιζόταν σε μια ανθρωπολογική προσέγγιση, με μια εθνολογική καταγραφή [και] πρόκειται για μια πειραματική έρευνα»[41], που εντάσσεται σε επιστημολογικούς και μεθοδολογικούς προβληματισμούς και αναζητήσεις της σχέσης μεταξύ της πραγματικότητας και της αναπαράστασής (ή των αναπαραστάσεών) της. Σε αυτή τη σχέση μεσολαβεί και ένας τρίτος παράγοντας, ο οποίος λαμβάνεται υπόψη τόσο στη φάση της έρευνας όσο και στην ανάλυση των δεδομένων: το φωτογραφικό μέσο. Στην ανάλυση του φωτογραφικού υλικού, οι επιδράσεις από τη σημειολογία (κυρίως του Roland Barthes) είναι εμφανέστατες· καθώς αυτές αναπτύσσονται σε άλλο κείμενο του ανά χείρας καταλόγου, θα επικεντρωθώ κυρίως στις ανθρωπολογικές καταβολές του Collet.

39 Συνέντευξη με τον José Cordon. Έγινε στις 29/04/2021 από τους Βαγγέλη Αθανασόπουλο, Γιώργο Νικολακάκη, και Άρη Τσαντηρόπουλο.

40 Συνέντευξη με τον José Cordon, ό.π.

41 Συνέντευξη με τον José Cordon, ό.π. Για περισσότερα, βλ. το κείμενο του Β. Αθανασόπουλου στον παρόντα κατάλογο.

Η ανθρωπολογία του Serge Collet

Οι επιδράσεις από τη λεγόμενη «Γαλλική Ανθρωπολογική Σχολή» (Barnard 2000, Colleyn 2005) είναι εμφανείς. Με θεμελιωτές της τον Emile Durkheim και τον ανιψιό του Marcel Mauss, πρόκειται για μια Σχολή με ισχυρό φιλοσοφικό υπόβαθρο, όπως το αναγνωρίζει και ο ίδιος ο Collet στο μετέπειτα έργο του για τις κοινωνίες αλιέων στη νότια Ιταλία και Σικελία (Collet 2008). Μάλιστα, σε αυτές συνεχίζει να ενδιαφέρεται για συνθήκες και περιστάσεις που πλαισιώνουν συναθροίσεις και συνυπάρξεις ανθρώπων όπως είναι οι δημόσιοι χώροι, οι τελετές, οι γιορτές, κλπ. Οι επιδράσεις των δύο θεμελιωτών της Κοινωνιολογίας/Ανθρωπολογίας στη Γαλλία εντοπίζονται ήδη στην επιλογή του θέματος και στην ανάδειξή του σε αντικείμενο επιστημονικής έρευνας από κοινωνιολογική/ανθρωπολογική οπτική. Όπως λέει και ο J. Cordon: «Βασιστήκαμε σε προϋποθέσεις που ήταν αρκετά περίπλοκες, αλλά οι οποίες μας επέτρεψαν, ξεκινώντας από την παρακολούθηση ενός αριθμού διαδηλώσεων στο Παρίσι, να δημιουργήσουμε μια ταξινόμηση, μια ανάλυση που ακολουθούσε μια πραγματικά επιστημονική μέθοδο. Μια μέθοδο ανάλυσης που θα μας επέτρεπε έπειτα, στο επίπεδο της επί μέρους ανάλυσης, να καταλάβουμε το φαινόμενο της διαδήλωσης στο Παρίσι μέσα από ορισμένες κοινωνικές ομάδες που διαδήλωναν σε αυτόν το χώρο. Αυτό και προσπαθήσαμε να κάνουμε». Από αυτή την οπτική, η διαδήλωση προσεγγίζεται ως «κοινωνικό γεγονός», όπως έχει προσδιορίσει την έννοια ο Durkheim, συγκεκριμένα ως τρόπος του πράττειν, του σκέπτεσθαι και του αισθάνεσθαι, σταθεροποιημένος ή όχι, που ασκεί πάνω στο άτομο έναν εξωτερικό καταναγκασμό (Durkheim 2014). Πολύ περισσότερο, οι ερευνητές της ομάδας Μνήμη επιχειρούν να την προσεγγίσουν ως «ολικό κοινωνικό γεγονός», έναν όρο που έχει επινοήσει ο Mauss στο δοκίμιό του για το Δώρο, προκειμένου να αναλύσει φαινόμενα τα οποία έχουν ταυτόχρονα οικονομικές, πολιτικές, κοινωνικές, ηθικές, νομικές και συμβολικές διαστάσεις (Mauss 1999). Οι ισχυρές επιρροές του δοκιμίου του Mauss «Οι τεχνικές του σώματος ως κοινωνικές τεχνικές» (στο Mauss 2004) είναι αυτονόητες, αφού το ανθρώπινο σώμα κατέχει κεντρική θέση στη φωτογραφική θεματική. Σύμφωνα με τον Mauss, ως τεχνικές του σώματος ορίζονται «οι τρόποι με τους οποίους οι άνθρωποι σε κάθε κοινωνία και κατά τρόπο παραδοσιακό χρησιμοποιούν το σώμα τους» (Mauss, 2004: 187). Αυτές οι τεχνικές μπορούν να ταξινομηθούν με κριτήρια φύλου, ηλικίας, αποδοτικότητας και τρόπων μεταβίβασής τους στις επόμενες γενιές. Αφορούν τεχνικές της γέννησης και της μαιευτικής, της παιδικής ηλικίας, της εφηβείας και της ενήλικης ζωής (τεχνικές ύπνου, ανάπαυσης, εγρήγορσης, δραστηριοτήτων, κίνησης κλπ). Οπότε, στις σωματικές τεχνικές έχει εγγραφεί ένα κοινωνικό habitus, το οποίο είναι «έργο του συλλογικού και ατομικού πρακτικού νου, μάλλον, παρά, ως συνήθως, τη[ς] ψυχή[ς] και τη[ς] τάση[ς] της προς επανάληψη», όπως θέλει να τις ερμηνεύει η ατομική ψυχολογία. Το τελευταίο αποτελεί διασαφήνιση του Mauss ώστε να αποφύγει τις αναγωγές των σωματικών τεχνικών αποκλειστικά στην ατομική ψυχολογία. Τελικά, για τον Mauss, οι τεχνικές του σώματος συνιστούν μια σειρά φυσιο-ψυχο-κοινωνιολογικών συναρμογών μιας σειράς πράξεων. Οι συναρμογές αυτές συναρθρώνονται ευκολότερα στον άνθρωπο επειδή συναρθρώνονται από και για χάρη της κοινωνικής εξουσίας.

Ο επιστημονικός διάλογος που κυριαρχεί στο Παρίσι των δεκαετιών του 1960 και του 1970 μεταξύ του έργου των παραπάνω θεμελιωτών μιας επιστήμης της κοινωνίας στη Γαλλία και των επιστημολογικών παραδειγμάτων της δομικής γλωσσολογίας, της ψυχανάλυσης και του μαρξισμού, είναι φυσικό να ασκεί ισχυρές επιρροές και να εμπλέκει θεωρητικά και μεθοδολογικά την ομάδα Μνήμη. Στην ανθρωπολογία του Collet, ισχυρότερες είναι οι επιδράσεις του Claude-Lévi Strauss, του δομομαρξισμού, κυρίως του Louis Althusser και του Maurice Godelier, καθώς και του ψυχαναλυτή Jacques Lacan, ο οποίος επιχειρεί να υλοποιήσει το πρόταγμά του για μια «επιστροφή στον Freud», όπως προσδιορίζει την ανάγνωση που επιχειρεί του φροϋδικού έργου, μέσω διαδρομών της δομικής γλωσσολογίας και του δομισμού του Lévi-Strauss[42]. Πρέπει να επισημανθεί ότι, παρόλο που πολλοί Γάλλοι μαρξιστές διανοούμενοι, την περίοδο αυτή, ήταν μέλη του Γαλλικού Κομμουνιστικού Κόμματος, όπως και ο Collet, ήταν ανοιχτοί σε επιρροές από το δομισμό όπως και από την ψυχανάλυση[43]. Ως προς το τελευταίο, είναι χαρακτηριστικό το δοκίμιο του Louis Althusser, «Φρόυντ και Λακάν», το οποίο καταλήγει συμπερασματικά ότι μέσω της ψυχανάλυσης και, συνεπώς, της διερεύνησης του ασυνειδήτου, «μας ανοίγεται αναμφίβολα ένας δρόμος, από τον οποίο θα οδηγηθούμε ίσως κάποια μέρα στην κατανόηση της δομής της άγνοιας, που ενδιαφέρει, κατά κύριο λόγο, τις έρευνες που γίνονται πάνω στην ιδεολογία» (Althusser, 1999: 36). Η ανθρωπολογία του Collet θεμελιώνεται στη θέση του Lévi-Strauss ότι ο άνθρωπος είναι το μοναδικό είδος έμβιου όντος το οποίο έχει το βιολογικό υπόβαθρο για την ανάπτυξη της συμβολικής σκέψης. Πρόκειται για τη δυνατότητα που επέτρεψε στον άνθρωπο να υπερβεί τους περιορισμούς της φύσης και να φτιάξει πολιτισμό (culture). Συγκεκριμένα, η βιολογική ικανότητα της κίνησης του αντίχειρα σε όλο το πλάτος της παλάμης του επέδρασε στην ανάπτυξη νοητικών ικανοτήτων ώστε να φτιάξει εργαλεία, τεχνουργήματα και γραφή (Leroi-Gourhan 2007), ενώ η βιολογική ικανότητα να παράγει μια ευρεία γκάμα ηχητικών τόνων, του επέτρεψε να ομιλεί.

Η ομάδα Μνήμη κινείται προς δύο κατευθύνσεις: α) στη φωτογραφική καταγραφή συνθημάτων σε τοίχους, πανό και πλακάτ, καθώς και συνοδευτικών σχεδίων, σχημάτων, ζωγραφιών κλπ. β) στην ηχητική καταγραφή συνθημάτων, ύμνων ή τραγουδιών των συμμετεχόντων στην διαδήλωση, με δεδομένο ότι η προσωδία είναι σημαίνων «συνοδοιπόρος» στις διαδηλώσεις, ακόμα και όταν απουσιάζει (σιωπηλή διαμαρτυρία). Μάλιστα, ο Collet θεωρεί τις ηχητικές καταγραφές υλικό εξίσου σημαντικό με τις φωτογραφίες και τις ταξινομεί θεματικά, όπως διαπιστώνεται στο αρχείο. Βλέποντας τις φωτογραφίες της ομάδας Μνήμη, τη λογική της ταξινόμησής τους με τις συνοδευτικές συνοπτικές σημειώσεις, σκέψεις και ερωτήματα του Collet – θα μπορούσαν να χαρακτηριστούν ως συμπαραδηλούμενα (Barthes 2007) κείμενα-λεζάντες που παράγονται συνειρμικά στη θέαση της εικόνας –, συνειδητοποιούμε ότι κύρια επιδίωξη της μελέτης των φωτογραφικών και ηχητικών τεκμηρίων είναι να αποκαλυφθεί και να αναδειχθεί ό,τι με όρους λακανικής ψυχανάλυσης ορίζεται ως φαντασιακό. Είναι ο δρόμος ώστε να αποφευχθούν οι ατραποί που θα κατέληγαν στην δημιουργία ενός «φωτογραφικού έπους» για τις διαδηλώσεις[44]. Για τον Lacan, το φαντασιακό τοποθετείται στο επίπεδο του σημαινόμενου ή της σημασίας, η οποία για τον Γάλλο ψυχαναλυτή, σε αντίθεση με την θέση του Ferdinand de Saussure, δεν προκύπτει από μια σταθερή σχέση σημαίνοντος και σημαινόμενου, αλλά ως «μια διαδικασία – τη διαδικασία μέσω της οποίας το παιχνίδι των σημαινόντων παράγει την αυταπάτη του σημαινόμενου διαμέσου της μετωνυμίας και της μεταφοράς»[45]. Σε αυτή τη λογική, στο πεδίο των κοινωνικών σχέσεων, το φαντασιακό δομείται από τη συμβολική τάξη σε μια σχέση «point de capiton» με αυτήν, όμως ως τέτοιο ανήκει στο πεδίο της εικόνας, της φαντασίας και της εξαπάτησης, τελικά σε

---

42 Για μια διεξοδική ανάλυση αυτού, βλ. Ζαφειρόπουλος 2007.

43 Βλ. και Barnard 2002.

44 Yvette Izabel και Serge Collet, «Μνήμη», ό.π.

45 Για να διαφοροποιήσει ο Lacan τη σχέση σημαίνοντος και σημαινόμενου από αυτήν του Saussure, σύμφωνα με τον οποίο είναι σταθερή, χρησιμοποιεί μεταφορικά τον όρο «point de capiton». Ο όρος μπορεί να μεταφραστεί ως «σημείο διαρραφής», «κουμποβελονιά» ή «βελονιά του παπλωματά». Συγκεκριμένα, όπως ο παπλωματάς τοποθετεί τα κουμπιά ως σταθερά σημεία για να αποτραπεί η ελεύθερη κίνηση της άμορφης μάζας του υλικού γεμίσματος, τα «points de capiton» έχουν τη θέση των σταθερών σημείων πρόσδεσης σημαίνοντος και σημαινόμενου ως «φρένα» σε μια διαρκή ολίσθηση του σημαίνοντος που θα κατέληγε σε μια ασταμάτητη και ανερμάτιστη κίνηση της σημασίας. Η μετωνυμία και η μεταφορά προκύπτουν ως «υγιή» παράγωγα αυτής της «point de capiton» σχέσης σημαίνοντος και σημαινομένου, ενώ όταν η σχέση τους είναι εντελώς διαιρεμένη το αποτέλεσμα είναι η ψύχωση. Βλ. και Λήμματα «φαντασιακό», «σημασία» και «point de capiton», στο Evans 2005.

μια ιδεατή εικόνα η οποία δεν συγκροτείται από ψεύτικες (λαθεμένες) αλλά από ψευδείς γνώσεις (Godelier 2003: 50-57). Για παράδειγμα, η θρησκεία, οι δοξασίες, οι πίστεις και οι ιδεολογίες γενικά απορρέουν από το φαντασιακό, το οποίο επιχειρεί να υλοποιηθεί σε κοινωνικές σχέσεις (θεσμούς, σύμβολα αναπαράστασής του κλπ.) ώστε να υπάρξει επικοινωνία, δηλαδή κοινωνική συνύπαρξη. Σε αυτόν τον αγώνα, το φαντασιακό γίνεται μέρος της κοινωνικής πραγματικότητας καθώς αποκτά δύναμη ως πίστη, κανόνας συμπεριφοράς, πηγή ηθικής (Godelier 2003: 61-68). Είναι το πλεόνασμα νοήματος που ξεπηδά ως «ιερότητα ή κάτι σαν την επιθυμία» (Collet υπό έκδοση) και νοηματοδοτεί ή κινητοποιεί δράσεις.

Η ένταξη της διαδήλωσης, ως μιας ομαδικής και συντονισμένης δράσης, σε αυτή τη σχέση φαντασιακού και κοινωνικής πραγματικότητας, της αποδίδει καταρχάς στοιχεία μιας τελετουργίας, δηλαδή μιας θεατρικότητας (Turner 2015): τοποθέτηση και παράταξη των σωμάτων στο χώρο, συγκεκριμένη αμφίεση και σύμβολα, συντονισμός κινήσεων και συντονισμός δυνατών φωνών. Το κίνητρο του ατόμου για τη συμμετοχή στη διαδήλωση είναι η βίωση μιας κατάστασης η οποία βρίσκεται «πέραν της αρχής της ευχαρίστησης», όπου το «πέραν», σύμφωνα με τον προσδιορισμό του Lacan, σημαίνει ότι η εκπλήρωση της επιθυμίας τοποθετεί το άτομο σε μια κατάσταση δυσφορίας, άβολη, ακόμα και επικίνδυνη ή αυτοκαταστροφική (Kirshner 2005 και Salecl 1993). Η σκηνή στην οποία επιτελείται η παράσταση δεν είναι τυχαία. Είναι ο δημόσιος χώρος της νεοτερικής πόλης (δρόμοι, πλατείες, κυβερνητικά κτίρια), ο οποίος είναι ένας κοινωνικά ιεραρχημένος, δομημένος χώρος (φτωχογειτονιές, περιοχές με πολυτελείς κατοικίες, καταστήματα, χώροι αναψυχής κλπ.). Επίσης είναι πυκνοκατοικημένος χώρος, όπου εδράζεται η κρατική εξουσία και οι υπηρεσίες της. Όμως, σε αντίθεση με την επιτελεστικότητα της θεατρικής παράστασης, η οποία έχει στόχο να προκαλέσει συγκινήσεις σε ένα κοινό που έχει απλά και μόνο το ρόλο του θεατή, έχει στόχο να προκαλέσει την υπέρβαση –και την κατάρριψη θα μπορούσαμε να πούμε– των ορίων μεταξύ του ηθοποιού που επιτελεί το ρόλο του στη σκηνή και του θεατή-δέκτη των μηνυμάτων στο διάζωμα. Συγκεκριμένα, ο θεατής-δέκτης παροτρύνεται και εγκαλείται να υπερβεί αυτή τη διαχωριστική γραμμή της θεατρικής παράστασης, και είτε να ενωθεί ως σωματική οντότητα με αυτή την ομαδική επιτέλεση, είτε να εναντιωθεί σε αυτή παραμένοντας αδρανής ή και αδιάφορος. Τελικά, σε αντίθεση με μια θεατρική παράσταση, η επιτυχία της οποίας προσμετρείται από τη λεγόμενη «υποδοχή του κοινού», εδώ η επιτυχία προσμετρείται από τη συμμετοχή του κοινού στο ίδιο το δρώμενο, απόδειξη της οποίας είναι η υπέρβαση της διαχωριστικής γραμμής σκηνής-διαζώματος, με απώτερο στόχο ένα μήνυμα σε αυτούς στους οποίους απευθύνεται, δηλαδή την κεντρική πολιτική εξουσία, παράγοντα καθοριστικό για την επίτευξη των έμπρακτων στόχων της διαδήλωσης. Είναι ευνόητο ότι, στην τελική έκβαση, ο παράγοντας οργανωτής/ές της διαδήλωσης, σε αντιστοιχία με τον σκηνοθέτη της θεατρικής παράστασης, είναι καθοριστικός. Συμπερασματικά, σε αυτή τη σχέση διαδηλωτών και «κοινού», δηλαδή της ευρύτερης κοινωνίας, το φαντασιακό δεν αντλεί περιεχόμενο με αναφορά σε ένα Άλλο, που αναφέρεται στη συμβολική τάξη, δηλαδή σε μια συγκροτημένη, δομημένη ολότητα. Αντλεί κυρίως από ένα άλλο, το οποίο αναφέρεται στη «φαντασιακή τάξη», και το οποίο ο Lacan έχει ορίσει ως «αντικείμενο με μικρό α» (objet petit a), το οποίο, σύμφωνα με το Γάλλο ψυχαναλυτή, δεν εντοπίζεται σε κάτι που έχουμε χάσει ή το αναζητούμε ως επίτευγμα στόχου. Αντίθετα, είναι μια μόνιμη αίσθηση που έχουμε, ως υποκείμενα, ότι κάτι απροσδιόριστο υπάρχει, απουσιάζει ή έχει χαθεί. Από αυτή την οπτική, το «αντικείμενο με μικρό α» δεν δηλώνει τόσο το ίδιο το κενό, δήλωση μιας σαφούς έλλειψης, αλλά λειτουργεί ως μεταμφίεση ή συγκάλυψη αυτής της έλλειψης, καλώντας μας ταυτόχρονα να την γεμίσουμε από την πραγματικότητα. Συνεπώς, το «αντικείμενο με μικρό α» έχει οργανωτικό ρόλο, όμως από μια θέση η οποία είναι διττή και με ταυτόχρονη δράση: α) ως αίσθηση και επιθυμία προσπαθεί να γεμίσει μια έλλειψη ή μια «τρύπα» στο πεδίο της αναπαράστασης, β) ως υπόλειμμα που ξεγλιστρά από την επίγνωση της συμβολοποίησης, με αποτέλεσμα ότι, ενώ έρχεται να καλύψει αυτές τις «τρύπες», την ίδια στιγμή δημιουργεί νέες στη θέση τους. Τελικά, στη διαδικασία συγκρότησης της ταυτότητας του Εγώ, μια παγιωμένη και συγκροτημένη σχέση του υποκειμένου με τον άλλο, δηλαδή την ετερότητα, είναι ανέφικτη. Η σχέση έχει κυρίως το χαρακτήρα ενός Σισύφειου έργου γεμίσματος τρυπών σε μια σημαίνουσα αλυσίδα (Homer 2018).

Επίσης, επειδή το «αντικείμενο με μικρό α» αναφέρεται στη «φαντασιακή τάξη», προκαλώντας ιδιαίτερες φαντασιώσεις, «μπορεί να οδηγήσει σε μια επικίνδυνη κατάσταση, την οποία [ο Lacan] αποκαλεί “πέρασμα στην πράξη” (passage à l'acte), όπου το υποκείμενο ταυτίζεται με το objet petit a [...]. Ως εκ τούτου αυτό [ενν. το υποκείμενο] προχωρεί πέραν της ασυνείδητης επιδίωξης της συμβολικής ευχαρίστησης σε μια φαντασίωση περί αποκατάστασης της ολότητας και απόλυτης ικανοποίησης» (Kirshner 2005: 89). Η διαδήλωση, ως μια ομαδική επιτέλεση που αντλεί κατεξοχήν από τη «φαντασιακή τάξη», διαμορφώνει συνθήκες συμμετοχής των υποκειμένων στις οποίες προεξάρχουν «φαντασιακές λειτουργίες» συγκρότησης του Εγώ,[46] δηλαδή λειτουργίες δομημένες στο εξελικτικό στάδιο πριν την γνώση της γλώσσας και την συνακόλουθη ένταξη του υποκειμένου στη συμβολική τάξη του λόγου. Ο ναρκισσισμός και η επιθετικότητα είναι τα κύρια χαρακτηριστικά τους σύμφωνα με τον Lacan, και συνιστούν τον κώδικα των μηνυμάτων της διαδήλωσης. Είναι τα σώματα που «ομιλούν» και εγκαλούν την συμμετοχή μέσω της ενδυμασίας και των συνοδευτικών συμβόλων, των πλακάτ και των πανό που φέρουν, των τραγουδιών και των ιαχών αποδοκιμασίας, οργής ή και θριάμβου που απευθύνουν. Είναι ευνόητο ότι σε τέτοιες συνθήκες, στις οποίες ο ανθρώπινος λόγος ως καθοριστικό στοιχείο συγκρότησης της συμβολικής τάξης υστερεί ή και εκλείπει, καθιστώντας τις «καθηλωμένες» μπορούμε να ισχυριστούμε στο φαντασιακό, ή εξαρτώμενες από αυτό, το πέρασμα στην ανοιχτή σύγκρουση και βία είναι πολύ εύκολο. Η ιστορία το έχει αποδείξει αυτό πάμπολλες φορές, και συνεχίζει να το αποδεικνύει.

Η ψυχανάλυση προσφέρει στον Collet την έννοια του ασυνείδητου, το οποίο δεν εκλαμβάνεται ως τόπος με τη φροϋδική έννοια της προέλευσης της επιθυμίας (libido), αλλά κυρίως με τη λακανική ως πρωταρχικά γλωσσικό, ως γλώσσα του Άλλου, ειδικότερα ως συνέπειες του σημαίνοντος στο υποκείμενο, που απωθούνται και επιστρέφουν σε μορφώματά του όπως συμπτώματα, ευφυολογήματα, παραπραξίες, όνειρα κλπ. Αυτά το θέτουν στην τάξη του συμβολικού (η γλώσσα είναι ένα συμβολικό σύστημα) και το δομούν ως μια λειτουργία του συμβολικού, στη σχέση ατόμου-πραγματικότητας. Ο Althusser το αναλύει με όρους μιας δυναμικής σχέσης, όπου το ασυνείδητο υποβάλλει «στη δοκιμασία του Συμβολικού τις φαντασιώσεις του» (Althusser 1999: 31). Επιπλέον, από αυτή την οπτική το ασυνείδητο, εφόσον δεν είναι ούτε πρωταρχικό ούτε ενστικτικό – δομείται από την γλώσσα και την ομιλία που είναι «έξω» από το άτομο – είναι διατομικό (Evans 2005, λήμμα: «ασυνείδητο»). Στενοί συνοδοιπόροι είναι οι αναλύσεις του Lévi-Strauss περί των ασυνείδητων διανοητικών (γνωστικών) δομών μέσω των οποίων, περνώντας από μια διαδικασία συμβολοποίησης, ο ανθρώπινος νους αγωνίζεται να βάλει μια τάξη στην πραγματικότητα, όπως και η επίδραση του επιστημολογικού παραδείγματος του Lévi-Strauss στον Lacan για τη συγκρότηση του θεωρητικού μοντέλου του περί συμβολικής τάξης (Ζαφειρόπουλος 2007).

Συνοπτικά, το έργο της ομάδας Μνήμη μπορεί να έχει ως παρακαταθήκη ένα οργανωμένο αρχείο εικόνων, ήχου, σχολιασμού και ταξινομήσεων, ως ένα εγχείρημα καταγραφής και τεκμηρίωσης του «φαντασιακού». Η καταγραφή σε εικόνα και ήχο είναι ένα πείραμα για τη μελέτη αυτού που δεν μπορεί να ειπωθεί (αντιστέκεται ή είναι αποκλεισμένο με όρους ψυχαναλυτικούς) μέσω της δομής της γλώσσας ως μέσο έκφρασης, του ορθολογικού και του λογικού (πρβλ. τη διερεύνηση του ασυνείδητου μέσω των ονείρων, των παραδρομών της γλώσσας, των λογοπαιγνίων και των ευφυολογημάτων). Όμως έμεινε ανολοκλήρωτο, καθώς το δεύτερο στάδιο, αυτό της μετάβασης μέσω ενός αναλυτικού λόγου στο πεδίο της επιστήμης και συνεπώς της παραγωγής νέας γνώσης, περιορίστηκε σε ένα πολύ πρωταρχικό στάδιο, όπως διαπιστώνεται στις ελάχιστες και πολύ αποσπασματικές σχετικές δημοσιεύσεις.

---

46 Στο «Στάδιο του Καθρέφτη», όπως το έχει επεξεργαστεί ο Lacan, και αφορούν τις τρεις τάξεις (Πραγματικό, Φαντασιακό, Συμβολικό) που αντιστοιχούν σε τρόπους πρόσληψης από το βρέφος της κατοπτρικής του εικόνας, εξελικτικά δομώντας το Εγώ (je) στη βρεφική ηλικία. Η τάξη του Φαντασιακού συμβαίνει πριν την κατάκτηση της γλώσσας και την εγγραφή του Εγώ στη συμβολική τάξη (κανόνες, αξίες, Νόμοι κλπ). Βέβαια, στοιχεία από την τάξη του Φαντασιακού συνεχίζουν να εμμένουν σε όλη τη ζωή του ατόμου, επικοινωνώντας με το Συμβολικό, ή να υποβάλλουν στη δοκιμασία του Συμβολικού φαντασιώσεις του ασυνειδήτου.

Μεθοδολογικοί προβληματισμοί

Η προσέγγιση της διαδήλωσης ως ένα «ολικό κοινωνικό γεγονός» μεθοδολογικά θέτει το ζήτημα της σχέσης ερευνητή-παρατηρητή και παρατηρούμενου, με δεδομένο ότι στις κοινωνικές επιστήμες «ο παρατηρητής και το αντικείμενό του είναι της ίδιας φύσεως, ο ίδιος ο παρατηρητής αποτελεί τμήμα της παρατήρησής του» (Lévi-Strauss 1990: 32). Συνεχίζοντας, ο Lévi-Strauss προτείνει ως γέφυρα επικοινωνίας, δηλαδή ως τόπο συνάντησης του υποκειμενικού με το αντικειμενικό, το ασυνείδητο, έναν αναστοχασμό ως τόπο όπου «οι νόμοι της ασυνείδητης δραστηριότητας βρίσκονται πάντοτε έξω από την υποκειμενική αντίληψη (μπορούμε να τους συνειδητοποιήσουμε, αλλά μόνο ως αντικείμενο). Αφετέρου όμως οι νόμοι αυτοί καθορίζουν τους τρόπους με τους οποίους διαμορφώνεται αυτή η αντίληψη» (Lévi-Strauss 1990: 36). Ένας παράγοντας που πρέπει να ληφθεί υπόψη είναι ότι στην έρευνα για τις διαδηλώσεις, στη σχέση υποκειμένου που ερευνά και αντικειμένου έρευνάς του, βασικό ρόλο έχει η διαμεσολάβηση ενός τρίτου, του φωτογραφικού μέσου. Το ζήτημα αυτό απασχολεί τις έρευνες για τη φωτογραφία αυτή την περίοδο. Βασικό επιχείρημα της Susan Sontag (Sontag [1977] 1993) είναι ότι το φωτογραφικό μέσο απομακρύνει τον χρήστη του από την συμμετοχή του στο γεγονός ή δρώμενο που φωτογραφίζει, τοποθετώντας τον σε θέση αποστασιοποίησης και μη συμμετοχής σε αυτό. Συνέπεια είναι η θέαση της πραγματικότητας μέσα από το σκόπευτρο της φωτογραφικής μηχανής, ως μια κίνηση και μόνο, να θέτει μια διαχωριστική γραμμή μεταξύ του υποκειμένου που παρατηρεί και απαθανατίζει και του αντικειμένου που απαθανατίζεται. Ως παράδειγμα αναφέρει τον πολεμικό ανταποκριτή, ο οποίος, με την ιδιότητα του χρήστη του φωτογραφικού μέσου, δεν αποτελεί (σύμφωνα με τους κανόνες Δικαίου) στόχο, και έχει τη δυνατότητα να μετακινείται από τη μια αντίπαλη πλευρά στην άλλη. Θα μπορούσαμε να προσθέσουμε ότι το ίδιο συμβαίνει μέχρι και σήμερα σε συγκρούσεις που ξεσπούν σε διαδηλώσεις, όπου οι δημοσιογράφοι-ρεπόρτερ εύκολα κινούνται μεταξύ των αντιπάλων. Στο κείμενό του για τον Παζολίνι (Collet υπό έκδοση), ο Collet ασχολείται εκτεταμένα με αυτό το θέμα. Αφετηρία του είναι η κινηματογραφική μηχανή, μέσω της οποίας ο οπερατέρ χρήζεται ως «παράταιρη» παρουσία ενός τρίτου, είναι ο «αντικειμενικοποιημένος-αποστασιοποιημένος οπερατέρ», ο οποίος, ως υποκειμενικότητα, «πάει να συναντήσει-κατακτήσει, όπως ο εθνογράφος, την ετερότητα», η οποία προσδιορίζεται ως «κομματιασμένη απεραντοσύνη των δυνατών αντικειμένων, που υπάρχουν χάρη στην μη ενσωμάτωσή τους από το υποκείμενο: αυτοί οι πολλαπλοί τρόποι ύπαρξης του σώματος σε σχέση με τους τόπους, ατελείωτη σειρά αντικειμένων τα οποία στην ιδιαίτερη ετερότητά τους αποτελούν "το αντικείμενο της εθνογραφίας"» (Collet υπό έκδοση). Θεωρώ ότι το κείμενο, γραμμένο το 1985, όταν πλέον το πρόγραμμα Mnémé έχει κλείσει, θέτει μεθοδολογικά ζητήματα σχετικά με τη μετάβαση από την συλλογή και καταγραφή των δεδομένων στην κοινοποίησή τους. Ο Collet αναζητά αυτά τα ζητήματα στην προσέγγιση του έργου του Παζολίνι, στον οποίο η γλώσσα της κινηματογραφικής εικόνας, ως μάτι του οπερατέρ, του παρέχει τη δυνατότητα να τα χειριστεί, σε αναλογία με τρόπους γραφής που εμπλέκουν ή αποστασιοποιούν τον αναγνώστη στη ροή του λόγου. Για παράδειγμα, η χρήση του πρώτου προσώπου στη γραφή αντιστοιχεί σε πλάνα ταύτισης του θεατή του φιλμ με το μάτι του οπερατέρ που φιλμάρει το θέμα του, οι λεπτομερείς περιγραφές γραπτού λόγου αντιστοιχούν με κοντινά πλάνα, η αποστασιοποίηση με γωνίες λήψης που τοποθετούν τον θεατή τους στο κάθισμα του διαζώματος ενός θεάτρου κλπ.

Το 1965, ο Pierre Bourdieu και η ερευνητική του ομάδα εκδίδουν τον τόμο *Photography as a Middle-Brow Art*, στον οποίο τίθενται ζητήματα σχετικά με τις δυνατότητες αξιοποίησης της φωτογραφίας ως εργαλείου έρευνας: «Οι νόρμες που οργανώνουν τη φωτογραφική αποτίμηση του κόσμου με όρους αντίθεσης μεταξύ αυτού που μπορεί να φωτογραφηθεί και αυτού που δεν μπορεί να φωτογραφηθεί είναι αδιαχώριστες από το σιωπηρό σύστημα αξιών μιας κοινωνικής τάξης, ενός επαγγέλματος ή μιας καλλιτεχνικής ομάδας, της οποίας η φωτογραφική αισθητική πρέπει πάντα να αποτελεί μια όψη, ακόμη και αν διεκδικεί απεγνωσμένα την αυτονομία της. Η επαρκής κατανόηση μιας φωτογραφίας

[...] δεν σημαίνει μόνο την ανάκτηση των νοημάτων που διακηρύσσει, το οποίο σημαίνει τις, ως ένα βαθμό, ρητές προθέσεις του φωτογράφου. Σημαίνει επίσης την αποκρυπτογράφηση του πλεονάσματος σημασίας που προδίδει αποτελώντας μέρος του συμβολισμού μιας εποχής, μιας τάξης ή μιας καλλιτεχνικής ομάδας.» (Bourdieu [1966] 1990: 6-7)[47]. Ο Collet συνομιλεί επιστημονικά με τον Bourdieu, όπως αποτυπώνεται στην ταξινόμηση και στο σχολιασμό των φωτογραφιών [48], και η ομάδα Μνήμη, στην εκ των υστέρων θέαση και μελέτη του φωτογραφικού ενσταντανέ, επιχειρεί να αποκαλύψει και να αναδείξει πληροφορία που ξεφεύγει από την άμεση παρατήρηση του γεγονότος στην εξέλιξή του. Επιπλέον, να επισημανθεί ότι, εκτός από τις λήψεις φωτογραφιών, η ομάδα Μνήμη μελέτησε φωτογραφίες εργατικών κινητοποιήσεων που είχαν ληφθεί τα έτη 1969-1973 από τη Γενική Εργατική Συνομοσπονδία (CGT) της Γαλλίας και φυλάσσονταν στα αρχεία της, καθώς και άλλο υλικό, όπως προκηρύξεις, αποκόμματα εφημερίδων κλπ. Οπότε η μεθοδολογία της έρευνας της ομάδας Μνήμη περιλαμβάνει ένα συνδυασμό επιτόπιας εθνογραφικής και αρχειακής έρευνας, εντάσσοντας έτσι και την ιστορική διάσταση στην οπτική της.

Αρης Τσαντηροπουλος

Βιβλιογραφία

Althusser, L. 1999. *Θέσεις (1964-1975)*, μτφρ. Ξ. Γιαταγάνας, Αθήνα: Θεμέλιο.
Barnard, A. 2000. *History and Theory in Anthropology*, Κέιμπριτζ: Cambridge University Press.
Barthes, R. 2007. *Εικόνα, Μουσική, Κείμενο*, μτφρ. Γ. Σπανός, Αθήνα: Πλέθρον.
Barthes, R. 2008. *Ο φωτεινός θάλαμος*, μτφρ. Γ. Κρητικός, Αθήνα: Κέδρος.
Baudrillard, J. 1991. *La Guerre du Golfe n'a pas eu lieu*, Παρίσι: Galilée.
Bourdieu, P. [1966] 1990. *Photography: A Middle-brow Art*, μτφρ. S. Whiteside, Κέιμπριτζ: Polity Press.
Collet, S. 2008. *The perception of marine nature's. Manifesto.* http://sergecollet.de/manifesto.html.
Collet, S. Υπό έκδοση. «Πιέρ Πάολο Παζολίνι ή το φαντασιακό της ανθρωπολογίας», μτφρ. Β. Αθανασόπουλος.
Colleyn, J.-P. 2005. *Στοιχεία Κοινωνικής και Πολιτισμικής Ανθρωπολογίας*, μτφρ. Μ. Κουμπούρα, Αθήνα: Πλέθρον.
Deleuze, G. [1968] 2002. *Ο Σπινόζα και το πρόβλημα της έκφρασης*, μτφρ. Φ. Σιάτιστας, Αθήνα: ΜΙΕΤ.
Durkheim, E. 2014. *Κοινωνιολογία και Φιλοσοφία*, μτφρ. Α. Γεωργούλας, Τρίκαλα: Επέκεινα.
Evans, D. 2005. *Εισαγωγικό Λεξικό της Λακανικής Ψυχανάλυσης*, μτφρ. Γ. Σταυρακάκης, Αθήνα: Ελληνικά Γράμματα.
Foucault, M. 2003. *Τρία κείμενα για το Νίτσε*, μτφρ. Δ. Γκινοσάτης, Αθήνα: Πλέθρον.
Godelier, M. 2003. *Το αίνιγμα του δώρου*, μτφρ. Α. Αγγελίδου, Αθήνα: Gutenberg.
Homer, S. 2018. *Εισαγωγή στον Ζακ Λακάν*, μτφρ. Σ. Μαύρη, Αθήνα: OPOSTIO.
Kirshner, L. 2005. Rethinking Desire: The Object petit a in Lacanian Theory. *Journal of American Psychoanalytical Association*, 53:1, 83-102.
Κούρτοβικ, Δ. 2002. *Τετέλεσται. Είκοσι μία ιστορίες για τον αιώνα που φεύγει*, Αθήνα: Όπερα.
Leroi-Gourhan, A. 2007. *Το έργο και η ομιλία του Ανθρώπου*, μτφρ. Α. Ελεφάντης, Αθήνα: ΜΙΕΤ.
Lévi-Strauss, C. 1990. Εισαγωγή στο έργο του M. Mauss, στο: M. Mauss, H. Hubert, *Σχεδίασμα μιας γενικής θεωρίας για τη μαγεία*, μτφρ. Μ. Βελβαθάκη, Αθήνα, Praxis
Mauss, M. 1999. *Το Δώρο. Μορφές και λειτουργίες της ανταλλαγής*, μτφρ. Α. Σταματοπούλου-Παραδέλλη, Αθήνα: Καστανιώτης.
Mauss, M. 2004. *Κοινωνιολογία και Ανθρωπολογία*, μτφρ. Θ. Παραδέλλης, Αθήνα: Εκδόσεις του 21ου.
Salecl, R. 1993. Crime as a mode of subjectivization: Lacan and the law. *Law and Critique*, 4:1, 3-20.
Sontag, S. [1977] 1993. *Περί φωτογραφίας*, μτφρ. Η. Παπαϊωάννου, Αθήνα: Φωτογράφος.
Turner, V. 2015. *Από την τελετουργία στο θέατρο. Η ανθρώπινη βαρύτητα του παιχνιδιού*, μτφρ. Φ. Τερζάκης, Αθήνα: Ηριδανός.
Ζαφειρόπουλος, Μ. 2007. *Λακάν και Λεβι-Στρως ή η επιστροφή στον Φρόυντ*, μτφρ. Τ. Μπέτζελος, Αθήνα: Πλέθρον.

47 Μετάφραση του υπογράφοντος.

48 Τις επιρροές του Bourdieu επιβεβαιώνει στη συνέντευξή του και ο José Cordon, ό.π.

The Work of the Mnémé Group.

An "Experiment" in the Photographic and Audio Recording of the Imaginary?

In the third decade of the nineteenth century, the technological achievement that, through mechanical means and with the assistance of chemistry, permitted the realistic recording and depiction of reality became known as photography. This is a possibility that, at the same time, anointed a certainty: The photographed object was there, it was truly present at the very moment the camera button was pressed, permanently imprinting it on the photosensitive surface inside the camera (metal or glass plate, film, sensor) (Barthes 2008). This is a certainty, which by now has created for twenty-first-century man, the witness who views thousands (or millions) of photographs - a habitus (or hexis), which determines a photograph's reception at the moment it is seen. In times of war and social conflicts in general, the habitus is manipulated in many ways ; the purpose is to convey a message, which, as a presumption of evidence, makes sense of a fact or event. The photograph of the two Soviet soldiers who raised a huge flag with the communist symbol (hammer and sickle) on top of the Reichstag on May 2, 1945,[49] Joe Rosenthal's photograph of the six US marines hoisting a towering flagpole with a huge American flag on the Japanese island of Iwo Jima during the battle in February 1945,[50] and the Spanish Republican Army soldier, photographed by Robert Capa at the moment of his death[51] are some characteristic photographs, which have become symbols of very important twentieth-century events and have been inscribed in our collective memory:[52] Specifically: the defeat of the Third Reich, the American military supremacy in the Pacific ocean, the Republican defeat at the hands of Franco's Nationalists in the Spanish Civil War (1936–1939). Also, the photograph by the French photojournalist Marc Riboud, titled "Young girl Holding a Flower" is the image-symbol of the 1960s, of the anti-war movements in America and Europe. It is the well-known depiction of a young woman standing and holding a flower before the gun barrels of American soldiers during a protest against the Vietnam War.[53]

Additionally, today we are witnessing images that are continuously promoted in mainstream media or are posted on social media in order to evoke emotions and shape positions on important current events and even to call to action. Finally, we can argue that the fact or event and its confirmation through visual evidence (photography or video) have been inseparably established in the collective memory like the two sides of a sheet of paper. Indeed, during the First Persian Gulf War (1990–1991), the ban on war images (deaths and destruction) in Western mainstream media—officially for security reasons,[54] in reality to deter reactions and protests against the war, like

49 *See https://en.wikipedia.org/wiki/Raising_a_Flag_over_the_Reichstag, accessed on 13/6/2022.*

50 *See https://en.wikipedia.org/wiki/Raising_the_Flag_on_Iwo_Jima, accessed on 13/6/2022.*

51 *See https://www.metmuseum.org/art/collection/search/283315, accessed on 13/6/2022.*

52 *Also, see Kourtovik, 2002.*

53 *See http://photoclub-montreuil-slv11.blo gspot.com/2012/02/la-photographie-de-a-z-les-grands.html, accessed on 13/06/2022.*

54 *Regarding this, see: https://en.wikipedia.org/wiki/Media_coverage_of_the_Gulf_War https://www.shutterstock.com/el/editorial/image-editorial/gulf-war-kuwait-an-oil-coated-cormorant-on-beach-at-kuwait-saudi-arabia-border-1377434a, accessed on 13/06/2022.*

that which had occurred when images came from the war in Vietnam—led the French philosopher Jean Baudrillard to publish an article titled "La Guerre du Golfe n'a pas eu lieu" [The Gulf War Did Not Happen] (Baudrillard 1991). Baudrillard's main argument was that the media coverage of the Gulf War created a new concept of war where images had been transformed from proofs of the reality of the destruction of infrastructures and human lives into metonymic symbols for promoting the war technology of the West.

The capacities and attendant properties of the photographic image, which make it respectively both witness and evidence of the object depicted, constitute for the Mnémé Group the criteria for selecting it as a methodological tool of anthropological research on an important event, which also involves violence: the demonstration. In particular, the demonstrations in Paris, in the wake of the 1960s, a decade troubled in many countries in Europe and the Americas by movements against the establishment values of material prosperity and progress preached by postwar society. In these movements, young people emerged as the active historical subject, with pursuits and goals fueled by new demands, which rallied groups, such as feminists, minorities, movements against war and colonialism, etc. Consequently, questions were also raised about pursuing new practices of protesting.

The goal of Serge Collet's project was not to create photographs for publication, as the reporter does, aspiring to transform them into iconic ("epic" as per Collet's critical definition) images of history. This is why social scientists are selected rather than professional or artist photographers, and the rules of frame composition are violated in the photographs, since the primary goal of the depiction is for "[the researcher] to be inspired by the contradictions of reality and of its impact; not of an amorphous, aseptic reality, like that of the pantheon of eminent personages or the mess of educational narratives from which fractures and dissymmetries are erased".[55] In accordance to that, the research program is called Mnémé (Memory), where

Mnémé, however, will not be the repository of the epic of the demonstration, an anthology where the epic would be obliged to parade lined up, one image after another. These are not our images, images of emblematized demonstrating bodies, images of new ways of organizing, images of violence, images of solidarity, images of a transformed urbanization.[56]

On the contrary, the term Mnémé is understood to be "a kind of genealogy of the multiple forms of resistance, indiscernible or apparent, massive or not".[57] The use of the concept "genealogy" by the authors of the text cannot be considered accidental, since it refers to Nietzsche as well as to the French philosopher Michel Foucault who develops the concept in three texts written between 1964 and 1974. This is an investigation of a "genealogical memory" where genealogy is used as a research method opposed to teleology, not because it can lead to the "metahistorical deployment of ideal significations" (Foucault 2003: 40), but because its goal is to seek [the events] in the most unpromising places, in what we tend to feel is without history—in sentiments, love, consciousness, instincts; it must be sensitive to their recurrence, not in order to trace the gradual curve of their evolution, but to isolate the different scenes where they engaged in different roles. Finally, genealogy must define even those instances when they are absent, the moment when they remained unrealized. (Foucault 2003: 40)

55 *Yvette Izabel and Serge Collet, "Mnémé" [Memory], April 13, 1979, typewritten text, Serge Collet Archive, Laboratory: "Laboratory of Visual Anthropology "Image, Music, Text"", University of Crete.*

56 *Yvette Izabel and Serge Collet, "Mnémé", op. cit.*

57 *Yvette Izabel and Serge Collet, "Mnémé", op. cit.*

This is a synthetic method, which does not believe that a current (and we would add, aspirational), clear and distinct landscape suffices, and shifts the interest from knowing the effect to knowing the cause: "The true knowledge of the effect depends on the knowledge of the cause [...] the knowledge of the cause is more perfect" (Deleuze [1968] 2002: 194). A consequence of the genealogical approach and of the subsequent search for causes, i.e., for the antecedent, is that the consequences-effects parameters are not taken into account. The focus is on the mnemonic imprint as a creative force in a synchronic process rather than its evaluation by its "ex post" consequences and effects.

We might argue, in line with the "spirit" of Serge Collet, the initiator of the research project and head of the Mnémé Group, as reflected in the totality of his written work and the interviews conducted with his wife Barbara Collet and his collaborator José Cordon,[58] as well as in their discussions with Vangelis Athanassopoulos, that the demonstration is approached as a signifier, which simultaneously refers to two inseparable signifieds. The first signified refers to the concept of a crowd of people marching in a specific formation, holding banners or placards with images-symbols (of political parties, trade unions, persons, etc.) inscribed with short phrases, demands, or political positions. The second signified refers to a concept consistent with a "chorus", it is a crowd that marches in formation, coordinated, rhythmically shouting slogans, letting out cries, or singing. In accordance with this line of reasoning, the selection and use of the tape recorder as a methodological tool, as a means of mechanically documenting and reproducing another element of reality, namely sound, is not accidental. Indeed, Collet himself was mainly responsible for the audio recording.[59]

In brief and according to the participants, the goal of the research "was based on an anthropological approach, with an ethnological documentation [and] it constitutes an experimental research",[60] which belongs to the epistemological and methodological debates on and investigations of the relationship between reality and its representation (or representations). There is a third factor in this relationship, which is taken into account in both the research and the data analysis phase: the photographic medium. In the analysis of the photographic material, the influence of semiology (of Roland Barthes mainly) is very evident; since this is discussed elsewhere in this catalogue, I shall focus primarily on Collet's anthropological background.

The Anthropology of Serge Collet

The influence of the so-called "French School of Anthropology" (Barnard 2000, Colleyn 2005) is evident. Founded by Emile Durkheim and his nephew Marcel Mauss, it is an epistemological tradition with strong philosophical underpinnings, as Collet himself acknowledges in his later work on halieutic societies in Southern Italy and Sicily (Collet 2008). Indeed, he focuses on the conditions and circumstances that frame people's groupings, such as public spaces, ceremonies, celebrations, etc. The influence of the two founders of Sociology/Anthropology in France can be traced as far back as to the choice of the subject and its adoption as an object of scientific research from a sociological/anthropological perspective. As J. Cordon says:

---

58 Interview with José Cordon conducted by Vangelis Athanassopoulos, Giorgos Nikolakakis, and Aris Tsantiropoulos on 29/04/2021.

59 Interview with José Cordon, op. cit.

60 Interview with José Cordon, op. cit. For additional information, see "Street Memories" by Vangelis Athanassopoulos in this catalogue.

We relied on conditions that were quite complicated, but which allowed us, starting from the observation of a number of demonstrations in Paris, to create a classification, an analysis that followed a truly scientific method. A method of analysis that would later allow us, on the level of a more detailed analysis, to understand the phenomenon of the demonstration in Paris via certain social groups that demonstrated in that space. That is what we tried to do.[61]

In that perspective, the demonstration is approached as a "social fact" as Durkheim has defined the concept, specifically as a way "of acting, thinking, and feeling, external to the individual, and endowed with a power of coercion" (Durkheim 2014). Even more, the researchers of the Mnémé Group attempt to approach it as a "total social fact" a concept which Mauss constructed in his essay on the Gift, in order to analyze phenomena that simultaneously have economic, political, social, moral, legal, and symbolic dimensions (Mauss 1999). The strong influence of Mauss' essay "Les techniques du corps" [Techniques of the Body] (in Mauss 2004) is self-evident, since the human body occupies a central place in photography. According to Mauss, the techniques of the body are defined as "the ways in which from society to society men know how to use their bodies in a traditional manner. (Mauss 2004:187) These techniques can be classified on the basis of gender, age, or productivity criteria, and of ways of passing them to the future generations. They involve techniques of birth and obstetrics, infancy, adolescence, and adult life (sleep, rest, alertness, activities, movement techniques, etc.). Thus a social habitus has been inscribed in physical techniques, which is the "result of collective and individual practical reason rather than, in the ordinary way, merely the one of the soul and of its repetitive faculties", as individual psychology would like to interpret them. The latter constitutes a clarification Mauss made to avoid attributing physical techniques exclusively to individual psychology. Finally, for Mauss, the techniques of the body constitute an order of physio-psycho-sociological assemblages of series of actions. These techniques are assembled more easily in the individual, as they are assembled by and for the sake of social authority.

The dominant scientific dialogue in the Paris of the 1960s and 1970s between the work of the above-referenced founders of a science of society in France and the epistemological paradigms of structural linguistics, psychoanalysis, and Marxism, naturally exerts a strong influence on the Mnémé Group and engages it in the above scientific discussion theoretically and methodologically. More specifically, the most powerful influences on Collet's anthropology are Claude Lévi Strauss, Structural Marxism, primarily that of Louis Althusser and Maurice Godelier, as well as the psychoanalyst Jacques Lacan, who attempts to implement his prime objective for a "return to Freud", as he defines the reading he undertakes of the Freudian oeuvre through the paths created by structural linguistics and the structuralism of Lévi-Strauss.[62] It should be noted that, although at the time, many French Marxist intellectuals were, like Collet, members of the French Communist Party, they were open to influences from structuralism as well as psychoanalysis.[63] With regard to the latter, Louis Althusser's essay "Freud and Lacan" is indicative. It concludes that psychoanalysis and, consequently, the investigation of the unconscious "has opened up one of the ways which may perhaps lead us some day to a better understanding of this structure of misrecognition, which is of particular concern for all investigations into ideology". Collet's anthropology is based on Lévi-Strauss' thesis that man is the sole species that has the biological foundation to develop symbolic thought. This ability allowed humankind to transcend the limitations of nature and create culture. Specifically, the thumb's biological ability to move across the entire width of

---

61 *Interview with José Cordon, op. cit.*

62 *For a thorough analysis of this issue, see Zafiropoulos 2007.*

63 *See, also, Barnard 2002.*

the palm influenced the development of mental faculties enabling the production of tools, artefacts, and writing (Leroi-Gourhan 2007), while the biological ability to produce a wide range of sounds, allowed man to speak.

The Mnémé Group's research interests follow two directions: (a) the photographic documentation of slogans on walls, banners, and placards, as well as any accompanying sketches, shapes, drawings, etc., (b) the audio recording of the demonstration participants' slogans, anthems, or songs, taking into account that prosody is a significant meaningful "companionship" in a demonstration, even when it is absent (e.g. the cases of silent protests). In fact, Collet considers audio recordings to be important material, as important as the photographs, and classifies them thematically, as evidenced by his archive. Reviewing the photographs of the Mnémé Group, the logic of their classification, with Collet's brief accompanying notes, thoughts, and questions—they could be characterized as connotative (Barthes 2007) texts-captions produced associatively upon viewing the image—, we realize that the main purpose of the study of the photographic and audio evidence is to reveal and highlight what in terms of Lacanian psychoanalysis is defined as imaginary. It is the path to follow in order to avoid the pitfalls that would result in the creation of a "photographic epic" on demonstrations.[64] For Lacan, the imaginary is placed on the level of the signified or of the signification, which for the French psychoanalyst, contrary to the position of Ferdinand de Saussure, does not arise from a stable bond between signifier and signified, but as "a process—the process by which the play of signifiers produces the illusion of the signified via the two tropes of metonymy and metaphor".[65] In this sense, in the field of social relations, the imaginary is structured by the symbolic order in a "point de capiton" relationship with it; as such, however, it belongs to the field of the image, imagination, and deception, ultimately to an ideal image, which is composed not of erroneous but of false knowledge. (Godelier 2003: 50-57). For example, religion, doctrines, beliefs, and ideologies generally derive from the imaginary, which attempts to materialize in social relations (mainly in institutions and symbols of its own representation), thereby establishing communication , i.e., social coexistence. In this struggle, the imaginary becomes a part of the social reality, acquiring the power of belief, standard guidelines of behavior, and morality (Godelier 2003: 61–68). It is the surplus of meaning that springs up as "sanctity or something like desire" (Collet, in press) and gives sense to or mobilizes actions.

The inclusion of the demonstration, as a group, massive and coordinated action, in the above-mentioned relationship between the imaginary and social reality attributes to it the characteristics of a ritual, i.e., a theatricality (Turner 2015): bodies placed and aligned in space, specific attire and symbols, coordination of movements, and coordination of loud voices. The individual's motivation for participating in the demonstration is to experience a state "beyond the pleasure principle", where beyond, as defined by Lacan, means that fulfilling the desire places the individual in a state of discomfort, awkward, even dangerous or self-destructive (Kirshner 2005 and Salecl 1993). The stage upon which the performance takes place is not accidental; it is the public space of the modern city (streets, squares, official buildings), which is a hierarchical, socially structured space (i.e., poor neighborhoods, areas with luxury

---

64 *Yvette Izabel and Serge Collet, "Mnémé ", op. cit.*

65 *To differentiate his view of the relationship between signifier and signified from that of Saussure, which held that it is stable, Lacan metaphorically uses the term "point de capiton". The term has been variously translated as "quilting point" or "anchoring point". Specifically, the same way a mattress-maker places upholstery buttons as fixed points to prevent a shapeless mass of stuffing from freely moving about, the "points de capiton", take the place of the fixed mooring points of the signifier and signified to "brake" the constant slide of the signifier that would result in an unstoppable and volatile shift of meaning. Metonymy and metaphor arise as "healthy" derivatives of this "point de capiton" relationship of signifier and signified, while when their relationship is completely severed the result is psychosis. See, also the entries on "imaginary", "significance", and "point de capiton" in Evans 2005.*

residences, shops, recreational areas, etc.). It is also a densely populated space where the state authority and its services are based. However, unlike the performativity of the theatrical performance, which aims to evoke emotions in an audience whose only role is that of spectator, the demonstration aims to transcend-and teardown one might say—the barriers between the actor performing his role upon the stage and the viewer-receiver of the message in the tier. Specifically, the viewer-receiver is encouraged and called upon to cross this dividing line of the theatrical performance and either (a) to physically integrate into this group performance, or (b) to oppose it by remaining inactive and/or indifferent. Finally, unlike during a theatrical performance, where the so-called "audience reception" is used as a measure of its success, success here is measured by the public's participation in the performance itself, which is proven by traversing the spectator-audience dividing line; the ultimate goal is to send a message to those the performance, defined as demonstration, addresses, i.e., the central political authority, a decisive factor for achieving the actual objectives of the demonstration. Understandably in the final outcome, the demonstration organizer, corresponding to the director of the theatrical performance, is the decisive factor. In conclusion, in this relationship between demonstrators and "audience", i.e., broader society, the imaginary does not derive its content by referring to an Other, which refers to symbolic order, i.e., to a composed structured totality. It draws mainly from an other, which refers to the "imaginary order", defined by Lacan as "objet petit a" and which, according to the French psychoanalyst, cannot be located in something we have lost or are searching for as a goal achievement. On the contrary, it is a permanent sensation, which we have, as subjects, that something indeterminate exists, is absent, or has been lost. From this perspective, the object petit a does not so much denote the void itself, a statement of an obvious lack, but functions to disguise or cover up this lack, at the same time calling upon us to fill it up with reality. Consequently, the object petit a has an organizational role, but from a twofold position, and simultaneously acts: (a) as sensation and desire, attempting to fill a lack or a "hole" in the field of representation, and (b) as a residue that slips away from the awareness of symbolization; as a result, while it comes to resolving these "holes", it simultaneously creates new ones in their place. Ultimately, in the process of composing the identity of the Ego, a consolidated and composed relationship of the subject with the other, i.e. alterity, is unattainable. The relationship primarily has the character of a Sisyphean project, filling the holes in a signifying chain (Homer 2018).

In addition, because the object petit a refers to the "imaginary order" evoking particular fantasies, it can lead to a dangerous situation, which [Lacan] called the passage à l'acte, in which the subject identifies with the object petit a, and then proceeds beyond the unconscious pursuit of symbolic pleasure toward a fantasy of restored wholeness and total satisfaction. (Kirshner 2005: 89)

As a group performance that primarily draws from the "imaginary order", the demonstration shapes the conditions for the subjects' participation in which "imaginary functions" for the formation of the Ego predominate,[66] i.e., functions structured in the evolutionary stage before the knowledge of language and the subject's subsequent integration into the symbolic order of speech. According to Lacan, their main characteristics are narcissism and aggressivity, and they constitute the code of the demonstration's messages. They are the bodies that "speak" and

66 *In the "Mirror Stage" as processed by Lacan, they concern the three orders (Real, Imaginary, Symbolic) that correspond to the ways the infant receives its specular image, evolutionarily structuring the Ego (je) in infancy. The Imaginary order occurs before the acquisition of language and the Ego's entry into the Symbolic order (rules, values, laws, etc.). Naturally, elements from the Imaginary order persist throughout the life of the individual, communicating with the Symbolic or submitting unconscious fantasies to the test of the Symbolic.*

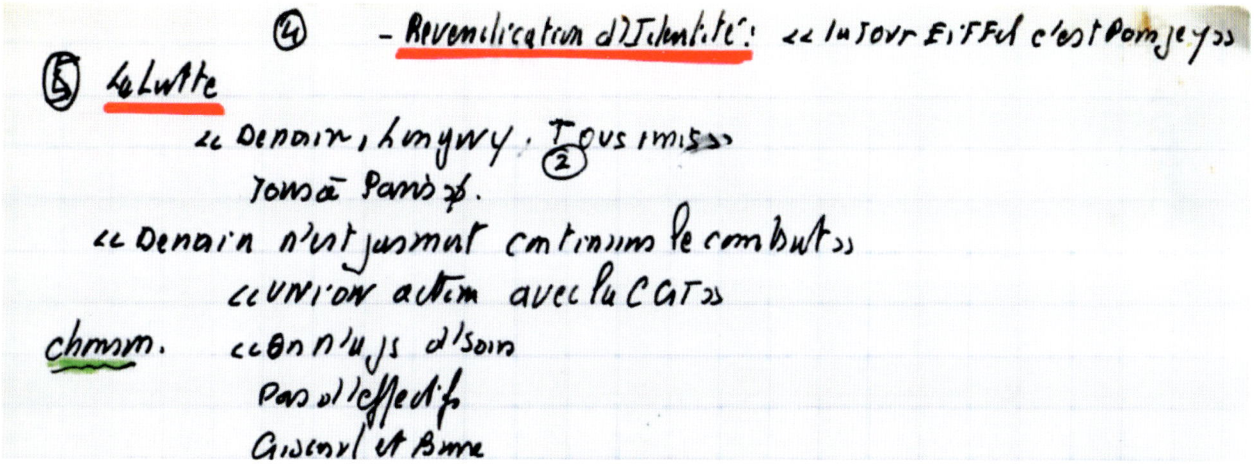

call for participation through the attire and accompanying symbols, the placards, and banners they carry, the songs and cries of disapproval, rage, or even triumph they let out. Understandably, under such conditions, in which human speech as a decisive building block of the symbolic order lags behind or even disappears, stranding them—we could maintain—in the imaginary or rendering them dependent on it, the transition to open conflict and violence is very easy. History has proven this time and again and continues to prove it.

Psychoanalysis offers Collet the concept of the unconscious, which is not perceived as a topos in the Freudian sense of the origin of desire (libido), but mainly in the Lacanian sense as primarily linguistic, as the language of the Other, in particular as the effects of the signifier on the subject, which are repelled and return in its formations as symptoms, jokes, parapraxes, dreams, etc. These locate it in the Symbolic order (language is a symbolic system) and structure it as a function of the symbolic, in the individual-reality relationship. Althusser analyzes it in terms of a dynamic relationship, where the unconscious submits "its imaginary phantasms to the test of the Symbolic" (Althusser 1999: 31). Moreover, from this perspective, since it is "neither primordial nor instinctual"—it is structured by language and speech that are "outside" the individual—it is transindividual (Evans 2005, entry: "unconscious"). Lévi-Strauss' analysis of the unconscious intellectual (cognitive) structures through which the human mind struggles to create an order out of reality, going through a process of symbolization, as well as the influence of the epistemological example of Lévi-Strauss on Lacan regarding the construction of his theoretical paradigm of symbolic order (Zafiropoulos 2007) follow the same path.

In summary, the legacy of the Mnémé Group's work could be an organized archive of images, sound, commentary, and classifications, in an attempt to record and document the "imaginary". Recording both sound and image is an experiment for the study of that which cannot be said (it resists or is excluded in psychoanalytical terms) through the structure of language as a means of expression, of the rational and logical (cf. exploring the unconscious through dreams, slips of the tongue, puns, and jokes). However, the enterprise remained incomplete, since the second phase of the research, that of the transition through an analytical discourse to the field of science and therefore the production of new knowledge, was limited to a preliminary stage, as evidenced in the scant, very fragmentary publications.

Methodological Considerations

Approaching the demonstration as a "total social fact" methodologically raises the question of the relations between researcher-observer and observed, given that in the social sciences, "the observer is of the same nature, as his object of study, the observer himself is a part of his observation" (Lévi-Strauss 1990: 32). Continuing, Lévi-Strauss proposes that the bridge of communication, i.e., the meeting place of the subjective and the objective, should be the unconscious, a kind of self-reflection which is the terrain where the laws of unconscious activity are always outside the subjective grasp (we can reach conscious awareness of them, but only as objects); and yet, on the other hand, it is those laws that determine the modes of subjective intelligibility. (Lévi-Strauss 1990: 36).

One factor that should be taken into account is that in the research on demonstrations, and in the relationship between the subject who investigates and the object of his or her research, a crucial role is played by the mediation of a third party, the photographic medium. During this period, research on photography was concerned with this issue. Susan Sontag's main argument is that the photographic medium keeps its users from participating in the fact or event they are photographing, placing them in a position of distance and neutrality in relation to it. As a consequence, viewing reality through the camera's viewfinder, as just one movement, draws a dividing line between the subject who observes and immortalizes and the object being immortalized. Her example is the war correspondent, who in his capacity as the user of the photographic medium, does not constitute (according to the rule of law) a target and has the ability to move from one opposing side to the other. We might add that the same thing occurs to this day in clashes that erupt during demonstrations, where journalists-reporters easily move among the opponents. In his text on Pasolini (Collet in press), Collet deals extensively with this subject. His starting point is the movie camera, through which the cameraman assumes the "out of place" presence of a third party, he is the "objectified-detached cameraman", who as subjectivity, "like the ethnographer, goes to encounter-conquer otherness", defined as the fragmented vastness of possible objects, which exist thanks to their not being incorporated by the subject: These multiple modes in which the body exists in relation to the places, an endless series of objects, which, in their particular otherness, constitute "the object of ethnography". (Collet in press)

I believe that the text, written in 1985, by which time the Mnémé program was over, raises methodological issues related to the transition from collecting and recording data to publicizing them. Collet pursues these issues in his approach to Pasolini's work, in which the language of the cinematic image, as the eye of the cameraman, enables him to address them, in an analogy with modes of writing that involve or distance the reader from the flow of speech. For example, in writing, the use of the first person corresponds to shots identifying the viewer of the film with the eye of the cameraman filming his subject, detailed written descriptions correspond to close-ups, detachment to camera angles that place their viewer in a seat in a theater row, etc.

In 1965, Pierre Bourdieu and his research team published the book *Photography a Middle-Brow Art*, which raises various issues regarding the potential use of photography as a research tool:

The norms which organize the photographic valuation of the world in terms of the opposition between that which is photographable and that which is not are indissociable from the implicit system of values maintained by a class, profession or artistic coterie, of which the photographic aesthetic must always be one aspect even if it desperately claims autonomy. Adequately understanding a photograph, [...], means not only recovering the meanings which it proclaims, that is, to a certain extent, the explicit intentions of the photographer; it also means deciphering the surplus of meaning which it betrays by being a part of the symbolism of an age, a class or an artistic group. (Bourdieu [1966] 1990: 6–7)

Collet had a scientific dialogue with Bourdieu, as reflected in the classification of and commentary on the photographs,[67] and the Mnémé Group, in its subsequent viewing and study of the photographic snapshot, seeks to reveal and highlight information that eludes the immediate observation of the event as it evolves. In addition, it should be noted that, apart from the still photographs, Mnémé studied photographs of labor mobilizations taken in the years 1969–1973 by the French General Confederation of Labor (CGT) and kept in its archives, as well as other material, such as proclamations, newspaper clippings, etc. Therefore, the research methodology of the Mnémé Group includes a combination of onsite ethnographic participial observation and archival research, thus also incorporating the historical dimension in its perspective.

ARIS TSANTIROPOULOS

Bibliography

Althusser, L. 1999. *Positions* (1964–1975), Greek translation by X. Yataganas. Athens: Themelio Editions.
Barnard, A. 2000. *History and Theory in Anthropology*, Cambridge: Cambridge University Press.
Barthes, R. 2007. *Image, Music, Text*, Greek translation by G. Spanos. Athens: Plethron Publications.
Barthes, R. 1983. *La Chambre claire. Note sur la photographie* Greek translation by G. Kritikos, Athens: Kedros Publications.
Baudrillard, J. 1991. *La Guerre du Golfe n'a pas eu lieu*, Paris: Galilée.
Bourdieu, P. [1966] 1990. *Photography: A Middle-Brow Art*, trans. S. Whiteside, Cambridge: Polity Press.
Collet, S. 2008. The Perception of Marine Nature's. Manifesto. http://sergecollet.de/manifesto.html.
Collet, S. In Press. "Pier Paolo Pasolini ou l'imaginaire de l'anthropologie", Greek translation by V. Athanassopoulos.
Colleyn, J.-P. 2005. *Eléments d'anthropologie sociale et culturelle*, Greek translation by M. Koumpoura, Athens: Plethron Publications.
Deleuze, G. [1968] 2002. *Spinoza et le problème de l'expression*, Greek translation by F. Siatistas, Athens: MIET.
Durkheim, E. 2014. *Sociologie et philosophie*, Greek translation by A. Georgoulas, Trikala: Epekeina Editions.
Evans, D. 2005. *An Introductory Dictionary of Lacanian Psychoanalysis*, Greek translation by G. Stavrakakis, Athens: Ellinia Grammata Editions
Foucault, M. 2003. *Τρία κείμενα για το Νίτσε*, Greek translation by D. Ginosatis, Athens: Plethron Publications.
Godelier, M. 2003. *L'Énigme du don*, Greek translation by A. Angelidou, Athens: Gutenberg.
Homer, S. 2018. *Jacques Lacan*, Greek translation by S. Mavri, Athens: Oposito.
Kirshner, L. 2005. "Rethinking Desire: The Object Petit a in Lacanian Theory". *Journal of American Psychoanalytical Association*, 53:1, 83–102.
Kourtovic, D. 2002. *Τετέλεσται. Είκοσι μία ιστορίες για τον αιώνα που φεύγει*, Athens: Opera Editions.
Leroi-Gourhan, A. 2007. *Le geste et la parole*, Greek translation by A. Elefantis, Athens: MIET.
Lévi-Strauss, C. 1990, "An introduction to M. Mauss", in: M. Mauss, H. Hubert, *Esquisse d'une théorie générale de la magie*. Greek translation by M. Velivathaki, Athens, Praxis
Mauss, M. 1999. *Essai sur le don. Forme et raison de l'échange dans les sociétés archaïques*, Greek translation by A. Stamatopoulou-Paradelli, Athens: Kastaniotis Publishers.
Mauss, M. 2004 *Sociologie et Anthropologie*, Greek translation by T. Paradellis, Athens: Ekdoseis tou 21ou Publications.
Salecl, R. 1993. "Crime As a Mode of Subjectivization: Lacan and the Law." *Law and Critique*, 4:1, 3–20.
Sontag, S. [1977] 1993. On Photography, Greek translation by E. Papaioannou, Athens: Photographos Editions.
Turner, V. 2015. *From Ritual to Theatre: The Human Seriousness of Play*, Greek translation by F. Terzakis, Athens: Iridanos Publishers.
Zafiropoulos, M. 2007. *Lacan and Levi-Strauss or The Return to Freud (1951–1957)*, Greek translation by T. Betzelos, Athens: Plethron Publications.

67 José Cordon also confirmed Bourdieu's influence in his interview, op. cit.

LE DEROULEMENT DE LA MARCHE DU 23 MARS

A 10 heures, les sidérurgistes, les mineurs, les populations de Lorraine, du Nord Pas-de-Calais, de la Loire, seront accueillis par les travailleurs et la population de l'Ile-de-France.

Vers 11 heures 30, les 5 marches, accompagnées des salariés des localités et arrondissements traversés, convergeront vers le :

RASSEMBLEMENT DE 15 HEURES

PLACE DE LA REPUBLIQUE,

D'où partira la manifestation, jusqu'à :

LA GARE SAINT-LAZARE

1. Saint-Ouen - Mairie
2. Saint-Denis - Porte de Paris
3. Montreuil - Mairie
4. Pantin - Eglise
5. Ivry - Mairie

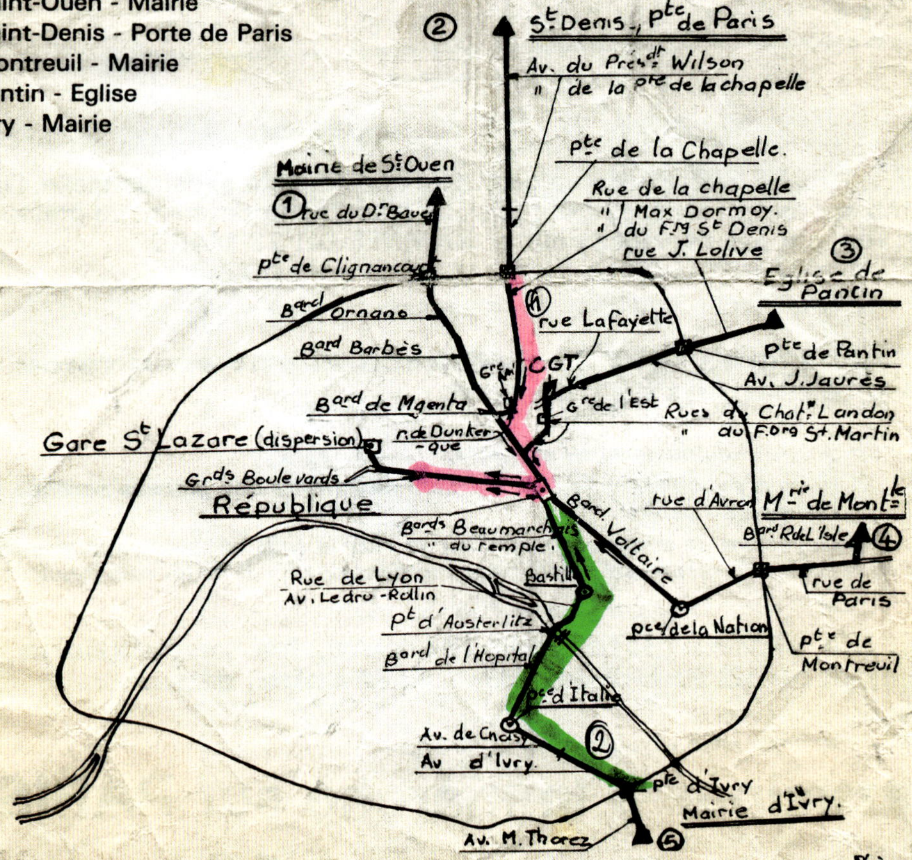

1. J. IZABEL.
S. Collet.

2) F. CORDON
J. CORDON.

IMPRIMERIE SELIS - 77190 DAMMARIE-LES-LYS - 439.22.54

Επιτελεστικότητα και χώρος της διαδήλωσης

Από τα στοιχεία που υπάρχουν στο αρχείο του Serge Collet μπορεί να υποστηριχθεί η υπόθεση ότι ο χώρος είναι δομικό στοιχείο της ανάλυσης που επιχειρεί για το φαινόμενο των διαδηλώσεων. Η σχέση ανάμεσα στη διαδήλωση και στην οργάνωση του χώρου αποτελεί μία από τις κύριες κατηγορίες της τυπολογίας που προτείνει ο Collet. Ωστόσο, οι καρτέλες που υπάρχουν στο αρχείο του, δεν έχουν καμία άλλη πληροφορία πέρα από τον γενικό τίτλο *ο χώρος της διαδήλωσης* και τον επιμερισμό του σε πέντε διακριτές ενότητες: *η συγκρότηση, η διάλυση, η εμβληματοποίηση των χώρων, οι τρόποι κατάληψης του δρόμου, οι θεατές*. Αυτό που θα επιχειρήσω στην ανάλυση που ακολουθεί δεν είναι τόσο μια απόπειρα συμπλήρωσης της τυπολογίας του Collet· περισσότερο θα επιδιώξω να θέσω τους άξονες και τα ερωτήματα μιας προβληματικής για αυτό το οποίο είναι ο χώρος ως έννοια αλλά και ως υλική έκφραση σε σχέση με αυτό που αποκαλούμε διαδήλωση και φέρει ακόμα και σήμερα τα αναγνωρίσιμα χαρακτηριστικά της περιόδου που καλύπτει η ανάλυση του Collet.

Γιατί υπάρχουν διαδηλώσεις, τι οδηγεί τον κόσμο στους δρόμους, ποιες οι πολιτικές δυνατότητες στις συναθροίσεις σωμάτων; Απαντήσεις σε αυτά τα ερωτήματα όπως, δημοκρατική έκφραση, διεκδίκηση, λαϊκή βούληση, αντίσταση στις ασυμμετρίες και στις στρεβλώσεις που παράγουν τα οικονομικά και πολιτικά συστήματα, αλλά και ενυπάρχουν στις διαδικασίες αντιπροσώπευσης και νομιμοποίησης, αφθονούν. Ο λαός, όσο σχηματικός και αν είναι αυτός ο όρος, διαδηλώνει γιατί υπάρχει συνήθως μια μορφή αποκλεισμού, ένα αδιέξοδο που περιορίζει υλικές, ψυχικές, συλλογικές και σωματικές δυνατότητες. Ο Jacques Rancière θα υποστηρίξει ότι η διαδήλωση ως μορφή εμφάνισης και παρέμβασης στον χώρο δηλώνει επίσης την επιθυμία για τον σχηματισμό μιας κοινότητας (Rancière 2022: 170). Ο χώρος, σε αυτή την περίπτωση, λειτουργεί ως αφηγηματική πλατφόρμα στην οποία συναρμόζονται οι επιμέρους μικρο-αφηγήσεις που αρθρώνονται μέσω της διαδήλωσης. Το εύρος της κοινότητας των πραγμάτων που συμμετέχουν σε αυτή δοκιμάζει το υφιστάμενο σύστημα εξηγήσεων, ερμηνειών και τελικά αφηγημάτων για τις κοινωνικές παθολογίες που οδηγούν τον κόσμο να διαδηλώσει.

Η Judith Butler θα διευρύνει τον όρο διαδήλωση εξετάζοντάς τον ως μια εκδοχή συνάθροισης, όπου σώματα επιχειρούν να εκφέρουν έναν λόγο επιτελεστικό μέσω της εμφάνισης και της ομιλίας. Τα σώματα στον χώρο επιζητούν την αναγνώρισή τους, διεκδικούν ένα καθεστώς αλήθειας που να διατηρεί ζωντανή την αίσθηση αυτού που έχει χαθεί ή αυτού που δεν υπάρχει ακόμα. Για την Butler υπάρχει μια αναπόδραστη σχεσιακή συνθήκη όπου η ευαλωτότητα, η εξάρτηση, οι διαφορετικές δέσμες εξουσίας απ-αλλοτριώνουν ένα τμήμα του εαυτού. Αλλά αυτή η σχεσιακή συνθήκη έχει επίσης ένα θετικό πρόσημο στον βαθμό που οδηγεί σε συμμαχίες και λειτουργεί συμπληρωματικά ως προς ένα δίκτυο υποδομών που αδυνατεί να ανταποκριθεί στο σύνολο των υλικών και ψυχικών απαιτήσεων που εγείρει ένα άτομο ή μια ομάδα. Η σκέψη της Butler δομείται στο αλληλένδετο της αισθητικής με την πολιτική και την ηθική: υπάρχω ως εαυτός, είμαι αναγνωρίσιμος, είμαι ορατός, που σημαίνει ότι έχω εισέλθει σε ένα οπτικό πλαίσιο, σε μια σκηνή απεύθυνσης που ορίζει τις προϋποθέσεις της αναγνωρισιμότητάς μου και εντός της οποίας αφηγούμαι τον εαυτό μου· προσπαθώ να μορφοποιήσω την αφήγησή μου έτσι ώστε να μην χαθεί το μη αφηγήσιμο, αυτό που δεν μπορεί να τεθεί ακόμα, που δεν μπορεί να κατανοηθεί ακόμα, έστω και αν αποτελεί τμήμα των διεκδικήσεών μου. Σε αυτή την περίπτωση, το μη αφηγήσιμο διασώζεται αισθητικά μέσα από τις σκηνοθεσίες των σωμάτων, μέσα από την επεξεργασία σκηνών απεύθυνσης όπου ο λόγος γίνεται εικόνα και το αφηγήσιμο διατηρείται μέσα από τις ισοδυναμίες και τις μεταφράσεις σε αυτές τις τοπολογίες του χρόνου και του χώρου που είναι οι εικόνες.

Μέσα από αυτή την οπτική είναι που μπορούμε να δούμε πιο συγκεκριμένα την έννοια και τη λειτουργία της επιτελεστικότητας, η οποία για την Butler «εκκινεί από την περιγραφή ενός συνόλου διαδικασιών που παράγουν οντολογικές συνέπειες, δηλαδή, εκείνη την εργασία που δίνει υπόσταση σε ορισμένα είδη πραγματικότητας» και «οδηγεί σε ορισμένα είδη συνεπειών που έχουν μια κοινωνική δεσμευτικότητα» (Butler 2010: 147). Από την άλλη, η διευρυμένη αναφορά στο σώμα επιτρέπει μια θεώρηση μέσα από την οπτική της βιοπολιτικής και της επισφάλειας. Ο κόσμος διαδηλώνει γιατί ακριβώς υπάρχει μια κοινή αίσθηση απειλής, αγωνίας, αποτυχίας, αναλωσιμότητας, αχρηστίας. Από τη σκοπιά της κριτικής θεωρίας, αυτή η αδυναμία ανταπόκρισης σε αυτονόητες προδιαγραφές της υλικής και ψυχικής ζωής είναι περισσότερο μια συστημική αποτυχία, μια αστοχία των θεσμών και των υποδομών και λιγότερο ζήτημα ατομικής ευθύνης. Οι συναθροίσεις σωμάτων, πριν ακόμα από την εκφορά της οποιασδήποτε ομιλίας, δηλώνουν επιτελεστικά ότι η ζωή είναι αβίωτη: «Η παρουσία, η αναπνοή, η κίνηση, η ακινησία, ο λόγος και η σιωπή είναι όλα τους όψεις μιας αιφνίδιας συνάθροισης, μιας απρόβλεπτης μορφής πολιτικής επιτελεστικότητας η οποία θέτει τη βιώσιμη ζωή στο προσκήνιο της πολιτικής» (Butler 2017: 30).

Η επιτελεστικότητα, ως μια οικονομία της χειρονομίας, ως ένα σύνολο τυποποιημένων επαναλήψεων, δικαιώνεται στο βαθμό που δίνει υπόσταση σε αυτό που θέτει ως επιδιωκόμενο. Το αποτέλεσμα της επιτελεστικότητας μπορεί να αξιολογηθεί με παραπάνω από έναν τρόπους: έναν ενδογενή, που κρίνει την επιτυχία ή όχι στη βάση της συμφωνίας ή απόκλισης από τα πρωτόκολλα επιτέλεσης. Έναν εξωγενή, που δίνει έμφαση στο τι επιτεύχθηκε τελικά, χωρίς ωστόσο να είναι πάντα εφικτό να διακριβωθούν οι αλυσίδες αιτιότητας. Η αναπόφευκτη απόκλιση ανάμεσα στα δύο, αυτός ο αναγνωρισμένος χώρος της επανάληψης και της διαφοράς (Deleuze 1968), διανοίγει ένα πεδίο πειραματισμού και διαγνώσεων, αλλά και αποδοχής της ενδεχομενικότητας που ενυπάρχει στον προσωρινό σχηματισμό μιας κοινότητας που είναι η πράξη κάθε διαδήλωσης. Η Karen Barad θα προσεγγίσει επίσης την έννοια της επιτελεστικότητας. Σε αυτά που θέτει η Barad κυριαρχεί η υλικότητα, η δύναμη και ο ρόλος της ύλης στον καθορισμό και την περιγραφή της πραγματικότητας. Η επιτελεστικότητα είναι «μια μορφή αμφισβήτησης της υπερβολικής εξουσίας της γλώσσας να καθορίζει τι είναι πραγματικό» (Barad 2003: 802), μια μετατόπιση από τα ζητήματα της αναπαραστασιμότητας και το αίτημα μιας αντιστοιχίας ανάμεσα στις περιγραφές και την πραγματικότητα. Η επιτελεστικότητα δηλώνει περισσότερο μια δραστηριότητα που βασίζεται στην υπόθεση μιας πιο ενεργής υλικότητας, μιας αναγνώρισης της συμμετοχής μετα-ανθρώπινων στοιχείων στη διαμόρφωση και τον μετασχηματισμό της πραγματικότητας. Σε αυτή την κατηγορία των μετα-ανθρώπινων στοιχείων θα μπορούσε να ενταχθεί και ο χώρος ή και πιο συγκεκριμένες του μορφές όπως ο αστικός χώρος ή ο χώρος της διαδήλωσης.

Στην ίδια κατεύθυνση με αυτή της Barad κινούνται κάποιες από τις συνεισφορές του Bruno Latour και συγκεκριμένα η διατύπωση μιας αναλυτικής τυπολογίας τρόπων ύπαρξης οντοτήτων και συλλογικοτήτων. Σε αυτή την προσέγγιση του Latour ξεχωρίζουν δύο στοιχεία: η έμφαση στο μη ανθρώπινο μέσω της αναγνώρισης της συμμετοχής του σε ένα δίκτυο ενεργειών-ενεργημάτων και η έμφαση στη σχεσιακή δυναμική των πραγμάτων και τη διαρκή παραγωγή δικτύων ετερογενών στοιχείων όπως άνθρωποι, ιδέες, αντικείμενα, μηχανές, οργανώσεις. Από αυτή την άποψη, η έννοια του δικτύου συνιστά μια οντολογική και αισθητική μετατόπιση ταυτόχρονα: αναγνωρίζοντας ένα κοινό πεδίο δράσης, υποστηρίζεται μια διευρυμένη συνθήκη ορατότητας (ή έστω πρόσκλησης σε ορατότητα) και η αντίστοιχη *επίπεδη οντολογία* των πραγμάτων. Αντίστοιχα, στην εννοιολογία που προτείνει ο

Rancière, τα δίκτυα και οι συναρμογές οντοτήτων μπορούν να ιδωθούν ως κοινότητες που επιτυγχάνουν μια επίδραση χάρη στις ιδιότητες που ενεργοποιεί ο συσχετισμός και η δικτύωση ανάμεσα σε διαφορετικές, ετερογενείς υποστάσεις. Μια υποστρωματική εστίαση σε αυτή την κοινότητα των ετερογενών μπορεί να οδηγήσει στην αναγνώριση ενός διαγραμματικού τόπου, μιας τοπογραφίας δυνατοτήτων ανοιχτής σε επιμέρους επιτελέσεις.

Μεθοδολογικά, αυτό το πλαίσιο επιτρέπει τη διαρκή ενσωμάτωση στοιχείων σε κοινότητες που, ανάλογα με τους εσωτερικούς συσχετισμούς και τις συνθήκες, μπορούν να έχουν αποτελέσματα που δεν είναι εύκολο να υπαχθούν σε προκαθορισμούς, ανεξάρτητα εάν σε κάθε περίσταση υπάρχει μια διαδικασία μετάφρασης και διαμεσολάβησης ή και διασύνδεσης και επικαιροποίησης των μακρο- και μικρο-αφηγήσεων που συνδέονται (στοιχειώνουν ή συνοδεύουν) την παραστατικότητα ενός φαινομένου, όπως η διαδήλωση στην περίπτωση που εξετάζουμε εδώ. Στις σημειώσεις και προσεγγίσεις του Collet υπάρχει σαφώς μια προσέγγιση με όρους υποδομής (infrastructure) αλλά και τελετουργίας (ritual), με άλλα λόγια, ενός συνόλου αναγκαίων πόρων σε συνδυασμό με την επιτέλεση-αναγνώριση επιμέρους φάσεων της διαδήλωσης που βασίζονται κυρίως στα πεδία της σημειωτικής, του δομισμού και της εθνογραφίας-κοινωνιολογίας. Οι συνεισφορές σήμερα από πεδία όπως ο νέος υλισμός, η αντικειμενοστραφής οντολογία αλλά και οι συναφείς θεωρήσεις του μετα-ανθρώπινου συνδέονται με μια ανανέωση βασικών εννοιών της αισθητικής όπως το αισθητό, η αίσθηση, η εικόνα. Μια ευσύνοπτη καταγραφή αυτών των μετατοπίσεων υπάρχει στο *Sensible life. A micro-ontology of the image* του Emanuele Coccia, την οποία θα αποδίδαμε συνοπτικά ως μια φαινομενολογία της διαφυγής: το αισθητό δεν μπορεί να αναχθεί πλήρως σε συγκεκριμένες κατηγορίες νόησης και γνώσης, διαπίστωση που διατρέχει και απασχολεί σταθερά την ιστορία της φιλοσοφίας. Ο κόσμος υπάρχει ή μετασχηματίζεται με τρόπους όχι απόλυτα προσδιορισμένους, γεγονός που σημαίνει ότι η κίνηση της επιτελεστικότητας, τα δίκτυα επίδρασης και ενεργητικότητας (agency) αναλύονται σε πολλαπλές κατευθύνσεις. Στο επίπεδο της κοινωνικής οντολογίας, η έννοια της συναρμογής (assemblage), όπως την προσεγγίζει ο Manuel DeLanda (2016), θέτει επίσης μια νέα θεωρία για τους τρόπους που οι ιδιότητες των αντικειμένων συσχετίζονται με αυτά τα ίδια όσο και με την πραγματικότητα.

Η εικόνα ενός χώρου λοιπόν, η εικόνα μιας διαδήλωσης, ο χώρος ως οντότητα που αλληλοεπιδρά και συμμετέχει σε μια συναρμογή ανθρώπινων και μη-ανθρώπινων στοιχείων, ιδωμένων μέσα από την προοπτική που έχει τεθεί πιο πάνω, έχει μια επιτελεστική διάσταση που συνδέεται με την πολιτική και αισθητική λειτουργία της συνάθροισης των σωμάτων και των άλλων στοιχείων μιας διαδήλωσης. Θα λέγαμε ότι η χωρική διάσταση, σε ένα πρώτο επίπεδο, έχει να κάνει με τη φυσική παρουσίαση των σωμάτων σε αναγνωρίσιμες τοποθεσίες που αποτελούν το αποτέλεσμα προ-επιλογής. Η ίδια η κίνηση των σωμάτων όμως, όσο και το απρόσμενο που υπάρχει σε κάθε τέτοια συνάντηση, συμβάλλει σε μια ενεργοποίηση της αρχιτεκτονικής, στην ανάδειξη μιας άλλης χωρικής, νοηματικής και αισθητικής συνθήκης της αρχιτεκτονικής ως προσδιορισμένη έκφραση του αστικού χώρου. Ο Rancière εισάγει την έννοια του (ανα)μερισμού του αισθητού για να περιγράψει ακριβώς αυτή τη διαδικασία ενεργοποίησης της αρχιτεκτονικής με πολιτικούς και αισθητικούς όρους. Καταφεύγει επίσης συχνά σε πεδία φαινομενικά τόσο απομακρυσμένα μεταξύ τους, όπως η ποίηση και η βιομηχανική σχεδίαση, για να υποδείξει το αίτημα μιας θεμελιακής αντιστοιχίας ανάμεσα στη μορφή μιας κοινότητας και την εσωτερική της αρχή (Rancière 2020). Η Butler, από την πλευρά της, με τη μορφή ενός αναστοχαστικού ερωτήματος, θέτει ακριβώς αυτό το ζήτημα της ενεργοποίησης της αρχιτεκτονικής και της αντιστοιχίας ανάμεσα σε δημόσια συνάθροιση και δημόσιο χώρο: «Όσο κι αν πρέπει να επιμένουμε να υπάρχουν οι υλικές συνθήκες για τη δημόσια συνάθροιση και το δημόσιο λόγο, πρέπει επίσης να αναρωτηθούμε πώς γίνεται η συνάθροιση κι ο λόγος να αναδιοργανώνουν την υλικότητα του δημοσίου χώρου και παράγουν – ή αναπαράγουν – το δημόσιο χαρακτήρα αυτού του υλικού περιβάλλοντος» (Butler 2017: 91).

Ο χώρος υποδέχεται μια συμμαχία σωμάτων, διεκδικήσεων. Ο εαυτός εμφανίζεται ως ένας άλλος, ένας άλλος που δεν υπάρχει ακόμα, που δεν είναι ορατός, που επιθυμεί να γίνει. Απευθύνεται. Για να γίνει. Για τον Rancière, η υποκειμενοποίηση είναι η πολιτική *ενός εαυτού ως άλλου*. Είναι μια διαδικασία πολιτική και αισθητική ταυτόχρονα. Προϋποθέτει μια άλλη γραφή στον χώρο, μια *χωρογραφία*. Ο εαυτός ως άλλος γίνεται αντιληπτός μέσα από τον τοποθέτησή του σε μια απρόσμενη θέση, σε μια πρωτόγνωρη συμμαχία. Η χειραφέτησή του σημαίνει καταρχάς τη δυνατότητα να γίνει αντιληπτός ως άλλος, να υπάρξει μια εικόνα του αποδεσμευμένη από ένα κυρίαρχο σύστημα αντίληψης, να υπάρξει ένας άλλος τόπος αναφοράς. Η εργασία της χωρογραφικής διάστασης συνδέεται με την αισθητική παραγωγή ενός τόπου, την τοπογραφική ιδιαιτερότητα που μπορεί να αποδοθεί σε έναν χώρο. Για τον Rancière, αυτός ο τόπος, είναι ένας *τόπος αλήθειας*: «ο τόπος μιας υποκειμενοποίησης μέσω μιας συλλογιστικής πλοκής» (Rancière 1992: 60). Είναι ένας τόπος που λέει την αλήθεια για αυτό που θα έπρεπε να είναι το υποκείμενο. Μια αλήθεια που βασίζεται στον πειραματισμό, στον αυτοσχεδιασμό και την ενδεχομενικότητα προκειμένου να λάβει μορφή μέσα από απρόσμενες σκηνές έκθεσης, παρουσίασης και απεύθυνσης. Ο τόπος της αλήθειας είναι η συνθετική κατασκευή ενός ιδιώματος. Η πράξη του *λέω* δεν επιτελείται από τη φωνή ενός σώματος. Είναι περισσότερο μια *φωνή-εικόνα*, η απόπειρα μιας επιτελεστικής παρουσίασης όπου ο χώρος δεν συμμετέχει απλώς ως διάκοσμος ή συμβολικό στοιχείο αλλά ως δείκτης μιας άλλης πραγματικότητας, πειραματικής και απρόσμενης όσο και προσχεδιασμένης: μια νέα τοπογραφία του δυνατού μέσα από τη χωρογραφική αναδιανομή και την επιτελεστική παρουσίαση της αλήθειας που διεκδικούν τα σώματα μέσα από τη συνάθροισή τους.

Ο χώρος ως δείκτης μιας άλλης πραγματικότητας ισοδυναμεί με την αισθητική παρουσίαση ενός κόσμου μέσα σε έναν άλλον. Ο χώρος, ο αστικός χώρος της διαδήλωσης είναι ένας σκηνικός χώρος που θέτει με όρους αίσθησης «πράξεις χωρίς λόγια, κατασκευασμένους λόγους, συνθήματα, φωνές, σιωπή» (Rancière και Bassas 2021: 48). Ο αστικός χώρος μετατρέπεται σε προσωρινό χώρο μιας κοινότητας που συγκροτείται και δηλώνει την ύπαρξή της στον χώρο εμφάνισής της, στον δικό της προσωρινό τόπο. Είναι μια άσκηση των αισθήσεων και της φαντασίας, μια δοκιμή της αλήθειας και της λογικής, πειραματισμός με μια διαφορετική μορφή ορθολογικότητας, σκηνοθετική και συνθετική ταυτόχρονα. Ο αστικός χώρος λειτουργεί ως διευρυμένη κάτοψη, ως μεταβαλλόμενος χάρτης μιας πειραματικής κοινότητας αλλά και ως αισθητικό και ορθολογικό συμπλήρωμα ενός ιδιώματος που παρουσιάζεται και αναπροσαρμόζεται μέσα από τα σημεία αντίστασης που αποκαλύπτονται κατά τη διάρκειά της εκφοράς και της κίνησής του. Η εικόνα μιας αισθητής κοινότητας δεν μπορεί να υπάρξει χωρίς την αντίστοιχη διανοητική κοινότητα που θα είναι σε θέση να αντιληφθεί αυτή την εικόνα. Ο αστικός χώρος ως σκηνικός χώρος λειτουργεί, λοιπόν, με τις απαραίτητες προσαρμογές, ως *οπτική μηχανή*. Η αίσθηση συμπεριλαμβάνει μια μορφή νοητότητας και ορατότητας, τον σχηματισμό μιας εικόνας ταυτόχρονα με έναν λόγο για τις προϋποθέσεις πρόσληψης και κατανόησής της. Η έννοια της μηχανής ως ανάλογο της αίσθησης δηλώνει ακριβώς την παρουσία ενός κυκλώματος όπου τα δεδομένα των αισθήσεων τυγχάνουν της αντίστοιχης λογικής επεξεργασίας και νοηματοδότησης.

Ας διευρύνουμε όμως την προοπτική. Τι απομένει από μια διαδήλωση όταν ολοκληρωθεί; Τι διασώζεται, τι έχει τελικά επιτελεστεί, τι ήταν αυτό που έγινε εκεί, πού οδήγησε; Αν χρησιμοποιήσουμε την οπτική του George Didi-Huberman, υπάρχει μια οικονομία της επιβίωσης, υπάρχουν λάμψεις που επιβιώνουν στο σκοτάδι, στη λήθη που φέρνει ο χρόνος και το αναπόφευκτο των αλλαγών (Didi-Huberman 2002). Υπάρχει η συνειδητοποίηση μιας αθωότητας (ο τόπος της αλήθειας ενημερώνεται και αποκαλύπτεται), υπάρχει επίσης μια μελαγχολία (το αδιευκρίνιστο μιας απώλειας, το ανεπανάληπτο της εξέγερσης, της διαδήλωσης, του εδώ-και-τώρα), υπάρχει μια γλώσσα των πραγμάτων που πρόσκαιρα προσφέρεται σε ιδιωματικούς πειραματισμούς και σχηματισμούς, υπάρχει ο χώρος, ο αστικός χώρος ως υλική παρουσία, ψυχικό ίχνος, μέτρο της διαφοράς (της φθοράς και της ανανέωσης μαζί), υπάρχει ο χώρος ως επιβίωση τελικά, ο χώρος ως εικόνα, η εικόνα μιας αισθητής κοινότητας πραγμάτων η οποία άρθρωσε, θέλησε να αρθρώσει έναν λόγο επιτελεστικό και, γιατί όχι, μια ελπίδα.

Ο αστικός χώρος είναι τα αρχιτεκτονικά του σημεία που ορίζουν ένα σταθερό πλέγμα αναφοράς, τη δυνατότητα μιας συνάντησης ανάμεσα σε διαφορετικές ιστορικές στιγμές. Οι τεκμηριωτικές εικόνες του άλλοτε είναι τα φωτογραφικά αρνητικά για τις εικόνες του σήμερα. Οι εικόνες, θα πει ο Didi-Huberman, λειτουργούν ως τεκμήρια εξεγέρσεων (Didi-Huberman 2016). Σε αντίθεση ίσως με αυτή τη θέση του Didi- Huberman, αλλά και προεκτείνοντας τις θέσεις του Rancière, μπορούμε να πούμε ότι η ικανότητα επεξεργασίας του αισθητού μέσω της φαντασίας, η ποιητική-κατασκευαστική σύνδεση με τις εικόνες του άλλοτε δεν αρκεί. Η αισθητική πλοκή της πολιτικής δεν είναι μόνο το κύκλωμα των διαφορετικών χρονικοτήτων που διαπερνούν ένα αίτημα, μια διεκδίκηση, μια επιτελεστική ομιλία, δεν είναι μόνο οι διαφορετικές κατανομές που μπορεί να υπάρξουν σε έναν χώρο. Είναι κυρίως ένας τόπος αλήθειας, ασύμμετρος, ελλειπτικός, μια τοπολογία ερμητική. Τα πολιτικά αιτήματα της κάθε εποχής προϋποθέτουν τις δικές τους εικόνες. Ακόμα και αν υπάρχουν σταθερές, όπως τα σώματα, ο αστικός χώρος, τελετουργικές επαναλήψεις, υπάρχει επίσης μια αναπόφευκτη δομική παράνοια, ελευθερία και αποκλεισμός μαζί, μια αναπόφευκτη διαφορά ανάμεσα στα σώματα που διεκδικούν και την εποχή των σωμάτων, ένα αναπόφευκτο έλλειμμα μετάφρασης ανάμεσα στα διαφορετικά ιδιώματα και τις ιδεατές μορφές ζωής που επιδιώκουν.

(Butler 2010: 147). On the other hand, the expanded reference to the body permits a view through the lens of biopolitics and precarity. People demonstrate precisely because there is a common sense of threat, anguish, failure, expendability, uselessness. From the perspective of critical theory, this inability to respond to self-evident standards of material and psychic life is more of a systemic failure, the malfunctioning of institutions and infrastructures and less a matter of individual responsibility. Assemblies of bodies, even before a speech is uttered, performatively state that life is unbearable: "Showing up, standing, breathing, moving, standing still, speech, and silence are all aspects of a sudden assembly, an unforeseen form of political performativity that puts livable life at the forefront of politics" (Butler 2015: 18).

Performativity, as an economy of gesture, as a set of standardized repetitions, is justified insofar as it gives substance to what it pursues. The result of performativity can be evaluated in more than one way: An endogenous one, judging success or failure on the basis of agreement with or deviation from the performance protocols. Or, an exogenous one, emphasizing what was ultimately achieved, although it is not always possible to ascertain the causality chains. The inevitable deviation between the two, this acknowledged space of repetition and difference (Deleuze 1968), opens up a field of experimentation and diagnosis, as well as acceptance of the contingency inherent in the temporary formation of a community, which is the act of every demonstration. Karen Barad would also approach the concept of performativity. What Barad introduces is dominated by materiality, power, and the role of matter in defining and describing reality. Performativity is "a contestation of the excessive power granted to language to determine what is real" (Barad 2003: 802), a shift away from issues of representability and the demand for a correspondence between descriptions and reality. Performativity denotes an activity based more on the assumption of a more active materiality, a recognition of the participation of posthuman elements in the formation and transformation of reality. This category of posthuman elements might also include space and/or its more specific forms, such as urban space or the space of the demonstration.

Some of Bruno Latour's contributions follow along the same line as Barad's; specifically, the formulation of an analytical typology of the *modes of existence* of entities and collectives. Two elements stand out in Latour's approach: An emphasis on the nonhuman through the recognition of its participation in a network of actions-effects and an emphasis on the relational dynamics of things and the continuous production of networks of heterogenous elements such as people, ideas, objects, machines, organizations. In this regard, the concept of the network encounters a simultaneous ontological and aesthetic shift: recognizing a common field of action supports an expanded condition of visibility (or at least an invitation to visibility) and the corresponding *flat ontology* of things. Similarly, in the conceptual framework proposed by Rancière, networks and assemblages of entities can be regarded as communities that achieve an effect thanks to properties triggered by the correlation and networking of different, heterogeneous entities. A substrate focus on this community of heterogenous entities can lead to the recognition of a diagrammatic plan, a topography of possibilities open to individual performances.

Methodologically, this framework permits the continuous integration of elements into communities that, depending on the internal correlations and conditions, can have results that are not easily subject to predetermination, regardless of whether there is, in each case, a process of translation and mediation or even interconnection and updating of the macro-and micro-narratives linked to (haunting or accompanying) the representability of a phenomenon, such as the demonstration, in the case currently under review. Collet's notes and approaches clearly contain an approach in terms of infrastructure as well as ritual, in other words, a set of necessary resources combined with the performance-recognition of individual phases of a demonstration that are based primarily on the fields of semiotics, structuralism, and ethnography-sociology. Today, contributions from such fields as new materialism and object-oriented ontology as well as related posthuman perspectives are associated with a renewal of basic concepts of aesthetics, such as the sensible, the sensation, the image. A concise documentation of these shifts exists in Emanuele Coccia's *Sensible Life. A Micro-Ontology of The Image*, which, we might summarize as a phenomenology of escape. The sensible cannot be fully reduced to specific categories of cognition and knowledge, a determination that runs through and constantly concerns the history of philosophy. The world exists or is transformed in ways that are not fully defined, which means that the movement of performativity and the networks of influence and agency are analyzed in multiple directions. At the level of social ontology, the concept of assemblage, as Manuel DeLanda (2016) approaches it, also presents a new theory on the ways in which the properties of objects correlate with their own selves as well as with reality.

Therefore, the image of a space, the image of a demonstration, the space as an entity that interacts and participates in an assemblage of human and nonhuman elements, viewed through the perspective defined above, has a performative dimension linked to the political and aesthetic function of the gathering of the bodies and other elements of a demonstration. We might say that the spatial dimension, in the first instance, is concerned with the physical presentation of bodies in recognizable locations that result from a preselection. The very movement of the bodies, however, as much as the unexpected that exists in any such encounter, contributes to an activation of the architecture, to the emergence of another spatial, conceptual, and aesthetic condition of architecture as a defined expression of urban space. Rancière introduces the concept of the re-partitioning of the sensible to precisely describe this process of activating architecture in political and aesthetic terms. Additionally, he frequently resorts to fields seemingly as distant from one another as poetry and industrial design, to indicate the demand for a fundamental correspondence between the form of a community and its inner principle (Rancière 2003). Butler, for her part, raises precisely this issue of the activation of architecture and of the correspondence between public assembly and public space in the form of a reflective question:

> As much as we must insist on there being material conditions for public assembly and public speech, we have also to ask how it is that assembly and speech reconfigure the materiality of public space and produce, or reproduce, the public character of that material environment. (Butler 2015: 71)

The space welcomes an alliance of bodies and claims. The self appears as an other, an other who does not yet exist, who is not visible, who wishes to become. It addresses. To become. For Rancière, subjectivization is *the politics of* a *self as other*. It is simultaneously a political and aesthetic process. It presupposes a different writing in space, a *chorography*. The self as other is perceived through its placement in an unexpected position, in an unprecedented alliance. Its emancipation means, first of all, the possibility of being perceived as other, of having an image released from a dominant system of perception, of there being another reference point. The work of the chorographical dimension is associated with the aesthetic production of a place, a *topos*, the topographical peculiarity that can be attributed to a space. For Rancière, this topos is a *place of truth*: "the place of a subjectivization in an argumentative plot" (Rancière 1992: 60). It is a place that tells the truth about what the subject should be. A truth based on experimentation, improvisation, and contingency in order to take shape through unexpected scenes of exhibition, presentation, and addressing. The place of truth is the synthetic construction of an idiom. The act of *saying* is not carried out by the voice of a body. It is more of a *voice-image*, the attempt of a performative presentation, where space does not simply participate as a decoration or symbolic element but as an indicator of another reality, experimental and unexpected as well as premeditated: a new topography of the possible via the chorographic redistribution and the performative presentation of the truth bodies claim through their assemblage.

Space as the indicator of another reality is equivalent to the aesthetic presentation of one world within another. The space, the urban space of the demonstration, is a stage space that presents in sensory terms "actions without words, fabricated discourses, slogans, voices, silence" (Rancière and Bassas 2021: 48). Urban space is transformed into the temporary space of a community that is constituted and declares its existence in the space it appears, in its own temporary place. It is an exercise of the senses and the imagination, a test of truth and reason, experimentation with a different form of rationality, simultaneously directorial and synthetic. The urban space functions as an expanded floor plan, as the changing map of an experimental community as well as the aesthetic and rational complement of an idiom that is presented and readjusted through the resistance points revealed during its expression and movement. The image of a sensible community cannot exist without the corresponding intellectual community which will be in a position to perceive this image. Therefore, as a stage space, the urban space functions, with the necessary adjustments, as an *optic machine*. Sensation includes a form of intelligibility and visibility, the configuration of an image and, at the same time, a reason for the conditions for its reception and understanding. The concept of the machine as an analogue of sensation precisely expresses the presence of a circuit where sense data undergo the corresponding logical processing and signification.

Meanwhile, let us broaden the perspective. What is left of a demonstration once it is over? What is saved, what has finally been performed, what was it that happened there, what did it lead to? If we employ the perspective of George Didi-Huberman, there is an economy of survival, there are flashes that survive in the dark, in the oblivion time brings and the inevitability of change (Didi-Huberman 2002). There is the realization of an innocence (the place of truth is informed and revealed), there is also melancholy (the unspecificity of a loss, the unrepeatable of an uprising, a demonstration, the here and now), there is a language of things that temporarily lends itself to idiomatic experimentations and formations, there is a space, the urban space as material presence, psychic trace, measure of difference (of decay and renewal together), there is space, finally, as survival, space as image, the image of a sensible community of things that articulated, wanted to articulate a performative discourse, and, why not, a hope.

Urban space consists of its architectural points that define a constant reference grid, the possibility of an encounter between different historical moments. Its documentary images of bygone days, are the photographic negatives of the images of today. Images, as Didi-Huberman would say, function as evidence of uprisings (Didi-Huberman 2016). Contrary perhaps to Didi-Huberman's position, while extending Rancière's positions, we might say that the ability to process the sensible through imagination, the poetic-constructive connection with bygone images is not enough. The aesthetic plot of politics is not simply the circuit of the different temporalities that permeate a request, a demand, a performative speech, is it not only the different distributions that can exist in a space. It is mainly a place of truth, asymmetric, elliptical, a hermetic topology. Each period's political demands presuppose their own images. Even if constants exist, such as bodies, urban space, ritual repetitions, there also exists an inevitable structural paranoia, freedom and exclusion together, an inevitable difference between the bodies that demand and the period of the bodies, an inevitable translation deficit between the different idioms and the ideal forms of life they pursue.

In one of his best moments, Giorgio Agamben would say that contemporary means obscuring the *now* so as to capture the light that strives to reach you and cannot (Agamben 2009). Light is a good metaphor for survival in an expanded state of darkness. But is it so? And how might we avoid theology and the implicit or explicit architecture of a reward in an undefined time beyond death? From this perspective, the urban space as public space offers a bulwark against the metaphysical appropriation of survival as an apparition, of survival as a legible idiom that can, perhaps, have political practical consequences. And on the other hand, it seems so difficult to accept the ambiguity and the indeterminate, to consent to the structural paranoia of the image Butler discusses, to accept a undecidable space that simultaneously functions as a space of freedom, this ultimately non-negotiable space of aesthetics and, by extension, historical experience that Rancière speaks of, where, through the topology of things, there emerges the place of truth of a community that will always be asynchronous with itself, constantly inviting the workings of emancipation, resistance, as well as alliance, intentional or not, with an ever-changing population of things.

THOMAS SYMEONIDIS

Bibliography

Agamben, G. 2009. *What is an Apparatus? And Other Essays*, trans D. Kishik and S. Pedatella. Redwood City: Stanford University Press.
Barad, K. 2003. Posthumanist Performativity: Toward an Understanding of How Matter Comes to Matter. *Signs*, 28:3, 801-831.
Butler, J. 2010. "Performative Agency". *Journal of Cultural Economy*, 3:2, 147-161.
Butler, J. 2015. *Notes Toward a Performative Theory of Assembly*. Cambridge: Harvard University Press.
Coccia, E. 2016. *Sensible Life. A Micro-Ontology of The Image*, translation by S. A. Stuart, New York: Fordham University Press.
DeLanda, M. 2016. *Assemblage Theory*. Edinburgh: Edinburgh University Press.
Deleuze, G. 1968. *Différence et Répétition.* Paris: PUF.
Didi-Huberman, G. 2002. *Survivance des lucioles*. Paris: Minuit.
Didi-Huberman, G. 2016. *Soulèvements*. Paris: Gallimard.
Latour, B. 2012. *Enquête sur les modes d'existence. Une anthropologie des Modernes*. Paris: La Découverte.
Rancière J. and Bassas, J. 2021. *Les mots et les torts. Dialogue avec Javier Bassas*. Paris: La Fabrique.
Rancière, J. 1992. "Politics, Identification, and Subjectivization". *October*, 61, 58-64.
Rancière, J. 2003. *Le destin des images*. Paris: La Fabrique.
Rancière, J. 2022. *Les trente inglorieuses: scènes politiques 1991-2021.* Paris: La Fabrique.

CGT

Μνήμες του δρόμου
Street Memories

Το νοσοκομείο | *Το λευκό, ολοφάνερο σημείο αναγνώρισης.*

The hospital | *White color, obvious identification sign.*

SFP | *φορέας καθοδήγησης της διαδήλωσης.*

SFP | *the demonstration's steering body.*

Η Δημοκρατία | *Επανεμβληματοποιημένη Ελευθερία. Ύφος που παραπέμπει στην Δημοκρατία των ένδοξων εποχών.*
The Republic | *Freedom re-emblematized. Style reminiscent of the glorious days of the Republic.*

Υπηρεσία Επιτήρησης | *Ρούχα εργασίας. Θεατές.*

Surveillance service | *Workwear. Spectators.*

Διαφορετική εικόνα του ιατρικού σώματος | *Εμβληματική ιστορική εικόνα.*

A different image of the medical corps | *Iconic historical image.*

Τα σημεία της διαδήλωσης | *Επαναληπτικότητα κράνος αφίσας κράνος του διαδηλωτή. Η διαδήλωση αλλάζει επίσης τους τοίχους, δημιουργεί νέα σημεία, ταράζει την διαφημιστική αμορφία, εγκαλώντας όχι πλέον ένα καταναλωτικό υποκείμενο, ένα αφηρημένο υποκείμενο, αλλά την συλλογικότητα της τάξης που παλεύει.*

The signs of the demonstration | *Overlap of poster's helmet—demonstrator's hard hat. The demonstration also changes the walls, creates new signs, disturbs the amorphousness of advertising, no longer questioning a consumer subject, an abstract subject, but the collective of the struggling class.*

ROBERT
YAGE AU B
UN FILM DE M
AVEC LA C.F.T.C.
ET JEAN BORNARD
SYNDICALISME D'ABORD
MARCHE SUR PARIS
23
soutenez
PARTI
ADHEREZ
Non aux licenciements ! 35 h tout de suite !
Préparons la grève générale pour nos revendications
Partis, syndicats ouvriers, CGT, CFDT, FEN, FO-PS, PCF
UNITE
mercredi 28 mars à la mutualité
MEETING
20 heures métro maubert mutualité
ligue communiste révolutionnaire
soutenez Valéry Giscard
PARTI RÉPUBLICAIN
ADHEREZ
CGT

Το κράνος-κονκάρδα | *Το κράνος εργασίας μεταμορφώνεται.*

The helmet-badge | *The hard-hat is transformed.*

Η κορδέλα;

The headband?

Δύο χρήσεις του καπέλου! | *Το σκουφί. Οι τραγιάσκες. Το σώμα γίνεται φορέας της πάλης.*

The headgear has two uses! | *The cap. The flat caps. The body becomes the carrier of the struggle.*

Δύο χρήσεις του καπέλου! | *Χιουμοριστική εκτροπή της στημένης φωτογραφίας. Ζητήθηκε.*

The headgear has two uses! | *Humorous hijacking of the posed photograph. Requested.*

Επανασύνδεση | *Ομάδα. Συνέργεια των εργατών που περιμένουν να «μπουν» στη διαδήλωση. Μία γραβάτα.*

Reunion | *Group. Complicity of workers waiting to "enter" the demonstration. One tie.*

Η διαδήλωση | *Τόπος επικοινωνίας.*

The demonstration | *Place of communication.*

Παράταξη. Σειρές. Πανώ | *Εικόνα της πάλης στήθος με στήθος.*

Lining up. Rows. Banner | *Images of chest-to-chest struggle.*

Παράταξη της επικεφαλής ομάδας | *Διακριτική χρήση των κονκάρδων. Κυρίαρχη η ανδρική παρουσία. Ομοιογενείς ηλικίες.*
Lead group line up | *Discreet use of badges. Male presence dominates. Age uniformity.*

Κυρίαρχη η ανδρική παρουσία στην πορεία | *Διάσπαρτοι αντιπρόσωποι. Εντύπωση περιπάτου.*

Male presence dominates the march | *Scattered representatives. Appearing as if strolling along.*

Η διαδήλωση τρέφεται και αποβάλλει.
The demonstration feeds and discards.

Δύο στιγμές διαφαίνονται καθαρά | *Η στιγμή «καθοδήγηση» προηγείται της «χαλαρής κουβέντας».*

Two moments are clearly visible | *The moment "watchword" precedes the moment "relaxed chat".*

Νοσοκομειακή υπάλληλος – χαλυβουργός | *Το σώμα ως φορέας σημείων. Δύο τμήματα – φαινόμενο σύνδεσης. Μια στιγμή χαλάρωσης, το διάλειμμα της διαδήλωσης.*

Hospital employee—steelworker | *The body carries signs. Two components—connection effect. A moment of relaxation, a break during the demonstration.*

Τα σημεία καλέσματος στον αγώνα | *Τα φουσκώματα του χαρτιού. Η εγγραφή της συλλογικότητας. Αυθόρμητο.*
The signs of the call to the struggle | *The bulges of the paper. The collective's inscription. Spontaneous.*

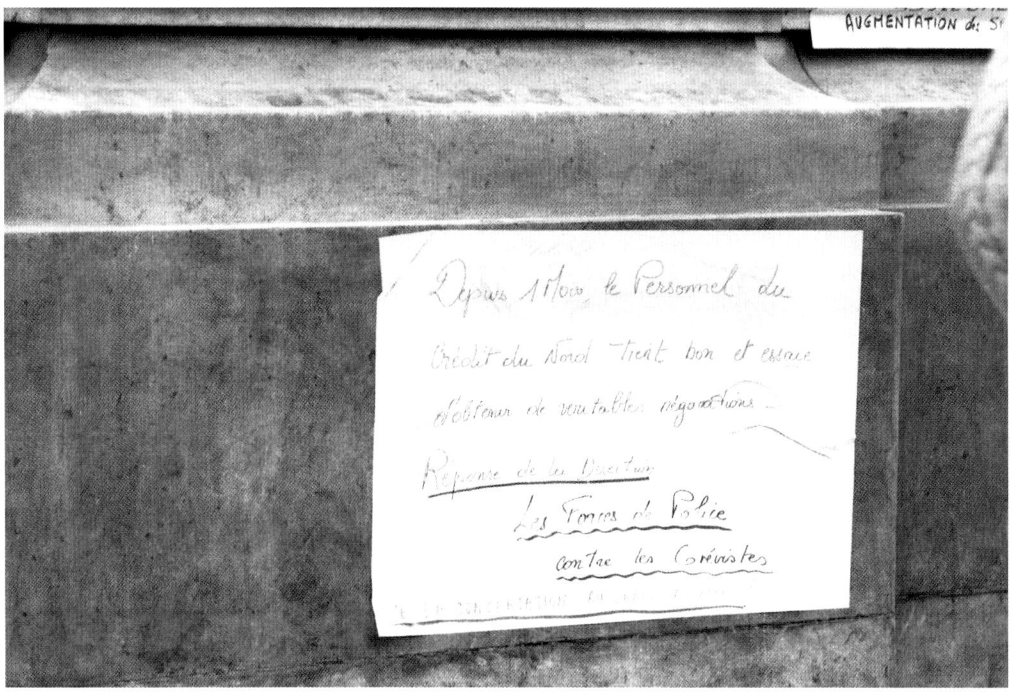

Αυτοσχεδιασμός στο τύμπανο, μικρή γιορτή μέσα στην διαδήλωση.

Drum improvisation, a small celebration during the demonstration.

Τραγουδούν: «Όλα είναι δικά μας τίποτα δεν είναι δικό τους» | *Ομάδα χαλυβουργών της FOS. Διαφορετικός τρόπος καθοδήγησης.*

They sing "Everything is ours; nothing is theirs" | *Group of FOS steelworkers. A different type of leadership.*

Το σύνθημα χορεύεται.

The watchword is danced.

Καθοδηγητής. Πουκάμισο – πουλόβερ.
Παρουσία ενός εμβληματικού στοιχείου στη στάση τραγουδιστή της δεκαετίας του 1960.

Leader. Shirt—pullover | *Presence of an emblematic element in the attitude of a singer from the 1960s.*

POUR SAUVER NOTRE RÉGION
SAUVONS LA SIDÉRURGIE
CGT 23 mars
TOUS A PARIS
CGT

Καροτσάκι μωρού | *Κινητή υπηρεσία συνδικαλισμού.*
Baby stroller | *Mobile trade union agency.*

Είναι όντως στον οικογενισμό που έγκειται η επιθυμία για ζωή | *Το διαφημιστικό κείμενο διατηρείται, όπως επίσης η μικροαστική εικόνα του μωρού-βασιλιά.*

It is in familialism that the will to live actually resides | *The advertisement text is preserved, as is the petty-bourgeois image of the baby-king.*

Διαδήλωση με την οικογένεια και τον σκύλο.

Demonstrating "en famille" | *With the dog.*

Ένα πανώ | *Ένας ηλικιωμένος αγωνιστής με κοστούμι.*

A banner | *An old activist in a suit.*

Ο άνδρας που κρατάει το πανώ | *Εφτά κονκάρδες στο στήθος.*
The man holding the banner | *Seven badges on the chest.*

ΑΡΚΕΤΑ | *Το πανώ των κοινοτήτων της Τραπ. Αντίθεση γεωγραφική καταχώρηση – το φόντο του πανώ.*

ENOUGH | *The banner of the Trappes communes. Contrast: geographical registration—banner background.*

Εφευρετικότητα | *Η CGT προστατεύει.*

Inventiveness | *The CGT protects.*

Αντιπρόσωποι + κομμουνιστές
Κατάδειξη του είδους
των αντιπροσώπων (της πολιτικής).

Representatives + communists
Showing the type of (political)
representatives.

Αίτημα διέλευσης και εξηγήσεις.
Request for passage and explanations.

Σχέσεις αστυνομίας-τύπου. | *Η διαδικασία συλλογής πληροφοριών στη διαδήλωση καθορίζει εκ των προτέρων έναν τύπο πληροφορίας ο οποίος σχετίζεται με την εικόνα της διαδήλωσης που αναπαράγουν ορισμένες εφημερίδες. Αυτό εξηγεί το γεγονός ότι οι δημοσιογράφοι και οι ρεπόρτερ βρίσκονται πάντα στα σημεία των συμπλοκών Πράγμα το οποίο είναι αντιπροσωπευτικό της λογικής μιας «πληροφοριακής» πρακτικής, της σχέσης της με την εξουσία. Η τεχνική της συλλογής ακρωτηριάζεται, ακρωτηριάζει εξ αρχής.*

Police—press relations | *The process of gathering information during the demonstration determines in advance a type of information related to the image of the demonstration reproduced in certain newspapers. This accounts for how journalists and reporters always find themselves at the "hot spots". This is symptomatic of the logic of an "informational" practice, of its relationship with authority. The collection technique is mutilated, it mutilates from the outset.*

Τρία μέλη της ομάδας Μνήμη.
Three members of the Mneme Group.

Η διαδήλωση προορίζεται να ιδωθεί |
«Επαγγελματίας» του θεάματος επί το έργον.

The demonstration is made to be seen |
Spectacle "professional" at work.

Η επιτήρηση είναι αδιάκοπη | *Ο έλεγχος, από το απόλυτα υψηλό σημείο.*

Surveillance is non-stop | *Control, from the highest point.*

Το λεωφορείο της SFP | *(Φορέας καθοδήγησης της διαδήλωσης).*

The SFP bus | *(Demonstration steering body).*

(Καλά εξοπλισμένοι) φωτογράφοι. Νεορομαντισμός | *Το στριφτό τσιγάρο, το αδιάβροχο, τα χρώματα, η εσάρπα, ανοιχτό λευκό πουκάμισο και μαύρο γιλεκάκι. Σκηνοθεσία ενός κοινωνικού ρόλου, εδώ, αυτού του ρεπόρτερ-φωτογράφου.*

Photographers (well-equipped). Neo-Romanticism | *The rolled cigarette, raincoat, colors, shawl, open white shirt, and small black vest. Here, staging a social role, that of the reporter-photographer.*

Η Μνήμη διαδηλώνει στα Ηλύσια Πεδία, 30 Μαΐου 1980 στις 17.30. Στα πόδια των μελών της το δώρο 1000 φωτογραφιών Μνήμη που θα προσφερθεί στην παναγιότητά της.

Mneme demonstrates on the Champs-Élysées, March 30, 1980, at 17:30. At the feet of its members the gift of 1,000 Mneme photographs, which will be offered to Her Holiness.

Διάταξη εκπομπής συνθημάτων.
System for sending watchwords.

Στοιχείο δημιουργικότητας | *Εκτροπή διαφήμισης του πολυκαταστήματος Samaritaine;*

Element of creativity | Hijacking a Samaritaine department store advertisement?

Θηλυκή πάλη. Ύφος του γραφισμού | *Φορέας καθοδήγησης στο θηλυκό.*

Feminine struggle. Graphic design style | *Feminine steering body.*

TELECOMMUNICATIONS
Old Lager
RESTAURANT
PIZZÉRIA
JAZ

Ερώτηση: υπάρχει μία τάξη ακόμα και στο πεζοδρόμιο; | *(Κοιτάζοντας ακουμπισμένοι στον τοίχο – στην άκρη του πεζοδρομίου. Σημασία: θέαμα ή εκδήλωση αλληλεγγύης;).*

Question: Is there an order even on the sidewalk? | *(Looking while leaning against the wall – at the edge of the sidewalk. Meaning: spectacle or demonstration of solidarity?)*

Θέαμα του δρόμου + θέαμα των γειτόνων του κάτω ορόφου.
Street show + downstairs neighbors' show.

Καθιστοί, κάποιοι κοιτάζουν το θέαμα | *Η διαδήλωση γίνεται μίμηση.*
Εξωτερικοί παρατηρητές – διαδηλωτές.

Seated, some people are looking at the spectacle | *The demonstration becomes imitation.*
External observers – demonstrators.

Λεωφορείο με τουρίστες, gare du Nord.
Tourist bus. Gare du Nord.

Gare du Nord. Μία εχθρότητα. Ανησυχία.
Gare du Nord. Hostility. Worry.

Πεζοδρόμιο.
Πωλητής εφημερίδων
Θέαμα, παρέλαση
ή ποδηλατικός αγώνας.

Sidewalk. Newspaper seller
Spectacle, parade,
or bicycle race.

Δύο παράλληλες τάξεις | *Ο δρόμος διαδηλώνει – το πεζοδρόμιο, τόπος περιπάτου, παραμένει εδώ αμετάβλητο.*
Two parallel orders | *The street demonstrates—the sidewalk, a space for walking remains unchanged here.*

Η ηλικία και ο δρόμος | *Ο δρόμος αλλάζει. Επίσης εκδήλωση αλληλεγγύης.*

Age and the street | *The street changes. An affirmation of solidarity as well..*

Ανεβαίνοντας ψηλά για να δούνε το γεγονός του πλήθους
αλλά και το «επεισόδιο», κρατώντας μια απόσταση ασφαλείας.

Perched up high to see the crowd event as well
as the "incident" while keeping a safe distance.

Βλέμμα. Οέαμα.
Λεωφόρος Saint Denis.

Gaze. Spectacle
Boulevard Saint Denis.

Η διαδήλωση ξεκινά | *Πρώτες γυναίκες θεατές με παντόφλες!*
The demonstration begins | *First women spectators in slippers!*

Μια μόδα διαδήλωσης.
A demonstrating style.

Παιχνίδι εξωτερικό – εσωτερικό.| *Η διαδήλωση είναι μέσα στο κρεοπωλείο αλλά την κοιτάζουν.*
Outside—inside game | *The demonstration is inside the butcher shop but they are watching it.*

Το βάδισμα. Καλάθι για τα ψώνια (ανδρικό) | *Οι τσάντες για τα ψώνια των περιπατητών.*
The way of walking. Shopping basket (men's) | *The walkers' shopping bags.*

Οικογενειακό θέαμα | *Καλαμπούρι άντρες – γυναίκες.*

Family spectacle | *Men—women joking.*

Μια πολύ παριζιάνικη στάση | *Η οικονομική υποστήριξη (πέντε κονκάρδες). Η καλοκάγαθη εμφάνιση.*

A very Parisian attitude | *Financial support (five badges). A good-natured appearance.*

Πατέρας και γιος;
Father and son?

Η φωτογραφία ζητήθηκε από τον Ντ.
Photograph requested by D.

Διαβούλευση πριν την επέμβαση.
Consultation before the intervention.

Η ανησυχία (πρίν από τη δεύτερη έφοδο) | *Κοιτώντας από απόσταση αυτό που πρόκειται να συμβεί.*
Worrying (before the second charge) | *Looking from far away at what is going to happen.*

Ομάδα που κατευθύνεται προς τα CRS | *Ένας από αυτούς καλύπτει επίτηδες το πρόσωπό του με το κράνος του. Λεωφόρος des Italiens.*
Group heading towards the CRS | *One of them deliberately covers his face with his helmet. Boulevard des Italiens.*

Το κράνος | *17:20 στην αριστερή πλευρά της Λεωφόρου des Italiens.*
The helmet | *17:20 on the left side of the Boulevard des Italiens.*

DARTY
Télérama
Télérama

Φωτογραφία που τραβήχτηκε μερικά λεπτά μετά την έφοδο στο κτήριο όπου καταφύγαμε, στην οδό Louis le Grand, αποκλεισμένη από μια διμοιρία των CRS.

Photograph taken a few minutes after the police raid, from the building where we took refuge on Louis le Grand Street, blocked by a CRS cordon.

Προσχέδιο οδοφράγματος.
Blueprint for a roadblock.

Ίχνος της βίας.
Trace of violence.

Αρωματοπωλείο,
Λεωφόρος Haussmann
Αυτοί που μαζεύουν, το κάνουν για να βοηθήσουν τους ιδιοκτήτες του αρωματοπωλείου.

Perfumery,
Boulevard Haussman
Those who are sweeping up are doing it to help the perfumery owners.

«Καθάρισμα»
των σπασμένων γυαλιών,
εδώ στον εξωτερικό χώρο
ενός καφέ.

"Cleanup"
of a broken storefront,
in this case on a café terrace.

ΠΑΡΑΡΤΗΜΑ 1

Κατηγορίες ανάλυσης των διαδηλώσεων

1. Οι διαδηλωτές:
    α) Οι χειρονομίες που διαδηλώνουν.
    β) Ομάδες και επικοινωνία μεταξύ διαδηλωτών.
    γ) Η εμφάνιση των διαδηλωτών.
    δ) Διατάξεις των διαδηλωτών.
    ε) Εμβληματοποίηση των διαδηλωτών.

2. Συμβολικός εξοπλισμός: (που χρησιμοποιείται στην ατομική ή στην συλλογική αναπαράσταση)
    α) Τα πανώ.
    β) Τα πλακάτ.
    γ) Οχήματα διακοσμημένα για τη διαδήλωση.
    δ) Αυτοσχέδιες κατασκευές.
    ε) Αντικείμενα που καταδηλώνουν ή συνδηλώνουν μία συλλογική ταυτότητα.
    στ) Υλικά στοιχεία που παραπέμπουν σε μία μνήμη.

3. Οργάνωση της διαδήλωσης:
    α) Τα όργανα καθοδήγησης.
    β) Οι αρχηγοί (ή καθοδηγητές).
    γ) Οι τρόποι πλαισίωσης των διαδηλωτών.
    δ) Πωλητές, συλλέκτες, διανομείς.

4. Ο χώρος της διαδήλωσης:
    α) Η συγκρότηση.
    β) Η διάλυση.
    γ) Η εμβληματοποίηση των χώρων.
    δ) Οι τρόποι κατάληψης του δρόμου.
    ε) Οι θεατές.

5. Μηχανισμοί συναφείς με τη διαδήλωση:
    α) Τα μέσα επιβολής της τάξης.
    β) Τα μέσα πρόληψης.
    γ) Η παρακολούθηση της διαδήλωσης από τα μέσα μαζικής ενημέρωσης.
    δ) Τα εσωτερικά μέσα επικοινωνίας.

APPENDIX I

Demonstration Analysis Categories

1. The demonstrators:
    a. The gestures of protest
    b. Groups of demonstrators and communication between them
    c. Appearance of demonstrators
    d. Deployment of demonstrators
    e. Emblematization of demonstrators

2. Symbolic Equipment: (used for individual or collective representation)
    a. Banners
    b. Placards
    c Vehicles decked out for the demonstration
    d. Improvised constructions
    e. Objects that denote or connote a collective identity
    f. Material elements that refer to a memory

3. Demonstration Organization:
    a. Steering bodies
    b. Leaders (or headsmen)
    c. Ways to flank the demonstrators
    d. Sellers, collectors, distributors

4. The space of the demonstration:
    a. Composition
    b. Dissolution
    c. Emblematization of locations
    d. Ways to occupy the street
    e. Spectators

5. Mechanisms related to the demonstration:
    a. Means of enforcing order
    b. Means of prevention
    c. Monitoring of the demonstration by the mass media
    d. Internal means of communication

ΠΑΡΑΡΤΗΜΑ 2

Κατηγορίες ανάλυσης των φωτογραφιών

1. Λογικο-γραμματικές κατηγορίες.

Στο επίπεδο των αναπαρισταμένων περιεχομένων:

α) Φωτογραφίες που δείχνουν μεμονωμένα στοιχεία: αντικείμενα, άτομα, χώρους ιδωμένους σαν μια στατική απομονωμένη ενότητα (το αντίστοιχο του ονόματος ή του ονοματικού συνόλου στη γραμματική).

β) Φωτογραφίες που δείχνουν κυρίως σχέσεις και παραλλαγές των στοιχείων: γεγονότα, καταστάσεις, συγχρονικές ή μεταβατικές δράσεις (το αντίστοιχο του κατηγορηματικού προσδιορισμού στη γραμματική).

γ) Φωτογραφίες που δείχνουν την τροπικότητα των στοιχείων και των σχέσεων: χώρο, χρόνο, τρόπους ύπαρξης (το αντίστοιχο του συμπληρώματος).

2. Κατηγορίες εικαστικής έκφρασης.

Λαμβάνοντας υπόψιν την έκφραση του δημιουργού ή του πομπού. Μορφοποίηση ακολουθώντας κανόνες λιγότερο ή περισσότερο κωδικοποιημένους και αποδεκτούς. Μελέτη σε δύο επίπεδα:

α) Ουσία: γραμμές, χρώματα, τόνοι, υφή κλπ.

β) Μορφή: κάδρο, γωνιά, σύνθεση, φωτισμός.

Το β) μας επιτρέπει να συμπεράνουμε αν η εικαστική έκφραση της φωτογραφίας είναι ισχυρή (δουλεμένη) ή ασθενής.

3. Αφηγηματικές κατηγορίες.

Λαμβάνοντας υπόψιν τη διαδοχή των φωτογραφιών. 4 κατηγορίες:

α) Φωτογραφία-κλειδί: Με βάση ποιά φωτογραφία χτίστηκε η αφήγηση; (Σύγκριση: βασική νότα στη μουσική).

α.bis) Φωτογραφία-πυρήνας: Γύρω από ποιές φωτογραφίες χτίστηκαν οι πιο σημαντικές συνδέσεις της αφήγησης (αν τις παραλείψουμε η αφήγηση δεν στέκει); Φωτογραφίες στις οποίες η δράση τονίζεται ιδιαίτερα: αυτές οι φωτογραφίες ανοίγουν και κλείνουν μία ακολουθία γεγονότων.

β) Φωτογραφία-κατάλογος: Ποιές είναι οι φωτογραφίες που χρησιμεύουν σαν συμπληρώματα, περιγραφές ή γεμίσματα στους πυρήνες εντός της αφηγηματικής ακολουθίας;

γ) Φωτογραφίες πληροφόρησης: Ποιές φωτογραφίες επιτρέπουν να τοποθετηθεί η δράση στον χώρο και τον χρόνο (ντεκόρ, αντικείμενα, τοπία, ενδυμασία κλπ.);

δ) Φωτογραφία-δείκτης: Ποιές φωτογραφίες αποσκοπούν να ταυτοποιήσουν ή να περιγράψουν αντικείμενα ή πρόσωπα (ομάδες), ατμόσφαιρες ενσωματωμένες στην αφήγηση;

Παρατήρηση: οι δείκτες και η πληροφόρηση παραπέμπουν στο «είναι», ενώ οι πυρήνες και οι κατάλογοι στο «πράττειν».

APPENDIX II

Photograph Analysis Categories

1. Logical-grammatical categories.

At the level of the contents represented:

a) Photographs showing individual elements: objects, individuals, spaces seen as static isolated units (in grammar, the equivalent of the noun or the noun phrase).

b) Photographs mainly showing relationships and variations of the elements: events, situations, synchronic or transitive actions (the equivalent of the predicative position).

c) Photographs showing the tropicality of elements and relationships: space, time, ways of being (the equivalent of the complement).

2. Visual expression categories.

Taking into account the expression of the creator or transmitter. The formatting follows more or less codified and accepted rules. Study on two levels:

a) Substance: lines, colors, tones, texture, etc.

b) Form: frame, angle, composition, lighting.

Category (b) permits us to conclude whether the visual expression of the photograph is strong (well-rendered) or weak.

3. Narrative categories.

Taking into account the succession of the photographs. Four categories:

a) Key Photograph: Which photograph was the narrative built on? (Comparison: keynote in music).

a. a. Core Photograph: Around which photographs were the most important narrative connections built? (The narrative does not stand on its own if we omit them.) Photographs in which the action is particularly emphasized; these photographs open and close a sequence of events.

b) List Photograph: Which photographs serve as supplements, descriptions, or fillers for the core photographs within the narrative sequence?

c) Informational Photograph: Which photographs enable the action to be located in space and time (setting, objects, landscapes, costumes, etc.)?

d) Index Photograph: Which photographs aim to identify or describe objects or persons (groups), atmospheres embedded in the narrative?

Note: Index and information refer to "being" while core and directory to "doing".

ΠΑΡΑΡΤΗΜΑ 3

Μνήμη

Για ποιό λόγο αυτό το όνομα, αυτή η έγκληση, περί μνήμης ο λόγος, αλλά ποιάς μνήμης;
Αρχικά αυτής του έπους της διαδήλωσης, με την πολυσημία της, την πολυμορφία της, τους θορύβους της.

Μνήμη αυτού που αντιστέκεται, παλεύει, εξεγείρεται. Αλλά γιατί μια ομάδα, ένα ερευνητικό σχέδιο που ξεκινά να διαγράφεται μέσα από ένα «αρχείο», του οποίου προηγήθηκε αυτό της διαδήλωσης των κομμουνιστριών στις 17 Νοεμβρίου 1978 και της σιωπηλής πορείας των αγροτών του Λαρζάκ στις 24 Νοεμβρίου;

Είναι γιατί τ' αυτιά μας, όπως και η αντίληψή μας, υποφέρουν όσο νάναι από αυτό το τριβέλισμα της παραπληροφόρησης, από αυτή τη θορυβώδη σύγχυση. Η λαλιά της διαδήλωσης, με τον πλούτο της, τη δημιουργικότητά της, τη βία της γίνεται κρυπτογράφημα, ακρωτηριάζεται, προκειμένου να εξαλειφθεί.

Οπότε, Μνήμη; Υπενθύμιση χωρίς συγκατάβαση, που θα είναι επίσης ένα είδος γενεαλογίας των πολλαπλών μορφών αντίστασης, αδιόρατων ή εμφανών, μαζικών ή όχι.

Μνήμη, είναι ένα ερευνητικό σχέδιο που γεννήθηκε από τη συλλογική δοκιμή ενός εγχειρήματος που αρνείται την απομύζηση των παρατηρούμενων υποκειμένων. Ένα εγχείρημα λοιπόν που εξ αρχής αποπειράται να έρθει σε ρήξη με την ασυμμετρία παρατηρητές-παρατηρούμενοι, ως η ιστορία αυτής της ασυμμετρίας.

Σ' αυτό το οριζόντιο εγχείρημα εμπλέκονται πολύχρονες συνεργίες, φιλίες. Μερικοί που συμμετείχαν σε αυτή την εμβρυακή απόπειρα ξέκοψαν από δεσμούς, τρόπους πράξης και σκέψης, ενώ άλλοι συνεχίζουν να ενεργούν εντός μιας στρατευμένης ορθοπραξίας. Καθένας τους αποβλέπει στο να εμπλουτιστεί από τις αντιφάσεις του πραγματικού και από τον αντίκτυπό του· όχι ενός πραγματικού άμορφου, ασηπτικού όπως αυτό του πάνθεου επιφανών προσώπων ή το αρμάθιασμα διαπαιδαγωγητικών ιστοριών απ'όπου σβήνονται οι ρήξεις, οι δυσυμμετρίες.

Μνήμη, για μερικούς είναι άρνηση των ορθοπεδικών μηχανισμών, των εργαλειοποιήσεων, των παραμορφωτικών ιεραρχιών, των αποκλεισμών μέσω της υποταγής, των παγιωμένων ορθοδοξιών, αλλά επίσης της λόγιας ή ημιλόγιας επιβολής. Για άλλους, είναι ξεβόλεμα. Αναβίωση μιας μορφής μικροαστικού αναρχισμού, αυτών που τσαλακώθηκαν στις γωνιές των πολιτικών οργανώσεων ή πιο απλά-σύνθετα η προκλητική απόπειρα του «γιατί όχι» μιας άλλης στάσης που μας φαίνεται ότι λείπει;

Μνήμη, μια ουτοπία; Τουλάχιστον γι'αυτούς που πιστεύουν ότι τα σχέδια και οι ουτοπίες λείπουν. Αυτή η ουτοπία δεν είναι κλειστή ουτοπία απ'όπου θα μπορούσε να ανακατασκευαστεί ο κόσμος για τους άλλους. Είναι μια σταλιά ουτοπίας που ζωογονείται από διαστρωματώσεις, από ρωγμές, από παρατημένες ζώνες, το απειροελάχιστο κβάντο ουτοπίας που απαιτεί ένα εγχείρημα. Η Μνήμη, στη δύσκολη πορεία της, σίγουρα δεν θα περιοριστεί στη συγχρονία της διαδήλωσης, αλλά θα εξετάσει την ή τις σημασίες των πρακτικών, των υποκειμένων, των συμβολικών διαδικασιών από την πλευρά των ενδεχόμενων ιστορικών τους καταβολών. Μνήμη, είναι λοιπόν ο πειραματισμός με διαφορετικές πρακτικές, με ένα διαφορετικό «βλέμμα» που δεν είναι ούτε αυτό του ηδονοβλεψία, ούτε του λαϊκιστή· ένα «βλέμμα» από την πλευρά του «αισθητού». Δεν είναι η νέα εταιρεία των παρατηρητών της ταξικής πάλης. Είναι μια έλξη για το μαχόμενο τετριμμένο, μια έφεση σε ένα είδος ταξιδιού στην ετερότητα της διαδήλωσης. Η διαδήλωση είναι ανάδυση, επίδειξη αλλά ποιού πράγματος ακριβώς, πάλη ενάντια, πάλη για, και όχι μόνο, και το σώμα που διαδηλώνει; Όλοι μας εμπλεκόμαστε ή θα εμπλακούμε, έξω-μέσα, σε αυτή την προς εξερεύνηση αντίφαση. Η υποτιθέμενη αντικειμενική, ουδέτερη, ολοκληρωτική αποστασιοποίηση δεν μας αφορά, όπως δεν μας αφορούν οι ψυχρές και κλειστές αναλύσεις. Πάντα το ερώτημα: και αυτός ή αυτή μέσα σ'όλα αυτά; Αυτός, ο νεαρός συνδικαλιστής που ήρθε στο Παρίσι να φωνάξει τη βία του, αυτή, που ορθώνεται ενάντια στον φαλλοκράτη-συνδικαλισμένο σύζυγό της.

Μνήμη λοιπόν θα είναι επίσης τόπος αντιπαραθέσεων, αντιπαραθέσεων που αποκαλύπτουν διαφορές, ευαισθησίες, πολυχρησιμοποιημένος όρος, μια πρακτική στο περιθώριο, που θα δοκιμαστεί συλλογικά, μια πρακτική της παρέκκλισης, καθότι της διαφοράς όπως και της διαμάχης. Δεν θα είναι ούτε το ανεκδοτολογικό, ούτε το ανθολόγιο, ούτε ο ευσεβής ή προοδευτικός συντηρητισμός απογοητευμένων αγωνιστών ή μη αγωνιστών που καταφεύγουν σε έναν αισθητισμό, σε ένα outside άνετο, εξωτικιστικό, ανακριτικό ή σίγουρο για τον εαυτό του. Μνήμη, είναι ένα παραπάτημα. Ο καθένας έρχεται με την ιστορία του, την πρακτική του, τα φράγκα του, τις επιθυμίες του, τις φαντασιώσεις του, αρκεί, ο ένας με την φωτογραφία, ο άλλος με τον ήχο, ένας τρίτος με την πένα, ένας τέταρτος με το πλαστικό, δίνοντας προσοχή σε αυτές τις παράξενες ετερότητες, να μην αποκλείσει κανέναν από τίποτα. Μια απόπειρα να ανοιχτεί ένας νέος χώρος, ένας χώρος όπου «μπορούμε ακόμα να αναπνεύσουμε»; Ίσως. Ρίσκο αυτών των εναλλακτικών πρακτικών επίσης με το χιούμορ [...]. Αν κατά τύχη κάποιος θεσμός, κάποια οργάνωση ενδιαφερόταν για αυτές τις δοκιμές-σχέδια, θα αναλάμβανε το ρίσκο, έναντι οποιασδήποτε βοήθειας, να υπάρξουν ενδεχομένως παραφωνίες, ή να έρθει σε σύγκρουση με την ευθυμία μας, με τις διαφορές μας που θέτουν ερωτήματα. Όσο για τα «αντικείμενά» μας, για να επανέρθουμε, καμία άλλη αρχή εκτός από αυτές τις επιφάνειες τριγμών του κοινωνικού σώματος, της «civiltà»-κοσμιότητας. Το Λαρζάκ και η αποσιώπησή του δεν ανήκουν σε μία στράτευση ελάσσονα ή λιγότερο έγκυρη από τη «μεγάλη» πορεία στο Παρίσι των εργατών της χαλυβουργικής βιομηχανίας. Σε όλες τις περιπτώσεις η ομιλία, όπως ο τρόπος της ενορχήστρωσής της [...]. Μερικοί από μας αγανακτούν ενάντια στη λήθη αυτής της λαλιάς που ήρθε το 1968, αλλά και μετά, από το δρόμο, τα εργοστάσια, τα πανεπιστήμια, τα γραφεία. Πού είναι τα ίχνη αυτής της ταυτότητας, πού είναι η κόκκινη σημαία τυλιγμένη γύρω από τον αδριάντα του Eugène Schneider στην πλατεία του Creusot; Πού είναι αυτή η μνήμη των αγώνων, αυτή η εφευρετικότητα των μορφών αντίστασης; Μέσα στις αναμνήσεις, στους κώδικες των οργανωμένων πρακτικών, στους λογιστικούς υπολογισμούς της ταξικής πάλης, στους μπατσοελέγχους, στα άδυτα ιδιωτικών ή δημόσιων αρχείων;

Μνήμη δεν θα είναι ωστόσο η αποθήκευση του έπους της διαδήλωσης, το ανθολόγιο όπου το έπος θα ήταν υποχρεωμένο να παρελάσει στοιχισμένο, η μια εικόνα μετά την άλλη. Αυτές οι εικόνες δεν είναι δικές μας, εικόνες εμβληματοποιημένων σωμάτων που διαδηλώνουν, εικόνες νέων τρόπων οργάνωσης, εικόνες βίας, εικόνες αλληλεγγύης, εικόνες μιας μεταμορφωμένης αστικότητας. Σχετικά με τη βία, η Μνήμη ήδη εμπλουτίστηκε με έναν λιγομίλητο μουσάτο «που δουλεύει» πάνω στην ιστορία των μορφών βίας[1]. Τα σπαράγματα της διαδήλωσης των κομμουνιστριών, όπως και των γυναικών «που βλέπουν κόκκινο» μεταφέρθηκαν επίσης στην Ισπανία με ένα υβριδικό άτομο, ούτε ακριβώς Ισπανό ούτε ακριβώς Ιταλό, ούτε ακριβώς Γάλλο αλλά ίσως λίγο Ελβετό[2]. Ένα ανοιχτό κριτικό πεδίο, αυτός που μουτζουρώνει, αυτή που παίζει με τη φωτογραφική μηχανή, αυτή που στρατεύτηκε για ένα γυναικείο θέμα, αυτές οι διαφορετικότητες που ενεργούν ήδη για μια κάποια διαφορετικότητα. Μνήμη, δίκτυο συναφειών, δεν είναι οι οργανωτές από τη μία πλευρά, αυτές από την άλλη, οι τεχνικοί της εικόνας ή της αποκρυπτογράφησης από μία άλλη, όλοι εξαρτώμενοι από ένα κυρίαρχο πρότυπο. Η εκκίνηση από έναν συγκεκριμένο τρόπο δράσης του εθνολογικού θα είναι το κοινό αγαθό. Καθένας θα δοκιμαστεί σε διαφορετικές πρακτικές, στις λειτουργίες που αυτές συνεπάγονται. Θα υπάρχουν αυτοί που θα πιαστεί η μέση τους ξεροσταλιάζοντας μερικές ώρες σ' ένα φωτογραφικό εργαστήριο, θα υπάρχουν οι μανιακοί του ήχου ή της φόρμας. Μια δοκιμή που συνεπάγεται λοιπόν κάτι σαν μια επένδυση, συμπεριλαμβανομένης αυτής τοις μετρητοίς, και η οποία ξεκινά με μια τέχνη της «πορείας» όπου μπορεί να φάμε και καμία, να στοχοποιηθούμε από τους διαδηλωτές, όχι χωρίς λόγο. Μια αβέβαιη αλφαβήτα, με δυο λόγια. Ανθολόγιο είπε ένας κριτικός στην έκθεση, ή οποιαδήποτε άλλη μορφή, πιό ζωντανή, μιας μη τετελεσμένης αντικειμενοποίησης, ατομικής ή συλλογικής (έχουμε ήδη κάποια φαντασμαγορικά παραδείγματα), ένα μονοπάτι προς εξερεύνηση διάσπαρτο με διδάγματα, με εκπλήξεις απέναντι σε αυτό που είναι ακόμα η ασυμμετρία ανάμεσα στο βλέμμα μας και στα αντικείμενά του. Η Μνήμη κατοικεί σε ένα περιθώριο, είναι φανερό, άβολο. Δεν πρόκειται για έναν νέο φορέα παρατήρησης των κοινωνικών αλλαγών, λόγιας ή ανακριτικής. Δεν είναι μια συσκευή μικροσκόπιο, δεν είναι αυθεντικότητα, εκπομπές-σοκ που φέρνουν σε απομίμηση, δεν είναι οι δημοσιογραφικές ασκήσεις που γνωρίζουμε, που κωδικοποιούν το κοινωνικό με νοθεύσεις, με ιμπρεσιονιστικά άρθρα που τραβούν την προσοχή ή με παραβλέψεις. Τι μπορούν να σημαίνουν άραγε αυτές οι κωδικοποιήσεις-απωθήσεις των αφηγημάτων της διαδήλωσης; Εκτεταμένη απλουστευτική απομείωση στην οποία οι συμβολισμοί αυτών των αφηγημάτων κουτσουρεύονται, εκθλίβονται, σβήνονται. Πολλοί έχουν ανάγκη μια δρώσα μνήμη, μια κριτική μνήμη που δεν θα είναι αυτός ο τέλειος καθρέφτης στον οποίο τα πάντα θα αντανακλώνται, οι μορφές ανάκλασής του πρέπει να εφευρεθούν. Ο Pignon μας δίνει μια ιδέα. Εν τέλει ας διαλεκτικοποιήσουμε το παρελθόν, ο καθένας μας με τη μαγειρική του και είθε η παρούσα σάλτσα να αποκτήσει νέες γεύσεις.

Για τη Μνήμη
Yvette Izabel – Serge Collet
April 13, 1979

1. Αναφορά στον Marcel Scheer, μέλος της ομάδας Μνήμη (ΣτΜ).
2. Αναφορά στον José Cordon, μέλος της ομάδας Μνήμη (ΣτΜ).

APPENDIX III

Mneme

Why this name, this invocation, memory is the issue, but what memory?

To begin with, that of the epic of the demonstration with its polysemy, its diversity, its noise.

The memory of what resists, struggles, revolts. But why a group, a research project that begins to make its appearance through an "archive" that was preceded by that of the communist women's demonstration on November 17, 1978, and the silent march of the farmers of Larzac on November 24?

It is because our ears, like our perception, suffer as much as possible from this grind of misinformation, from this noisy confusion. The language of the demonstration, with its richness, its creativity, its violence becomes a cryptogram, it is mutilated in order to be obliterated.

So, Mneme? A reminder without condescension, which will also be a kind of genealogy of the multiple forms of resistance, imperceptible or obvious, mass or not. Mneme is a research project born from the collective testing of an enterprise that refuses to bleed dry the subjects observed. An enterprise, therefore, which from the beginning tries to make a clean break with the observers—observed asymmetry, as the history of this asymmetry.

This horizontal enterprise involves long-term partnerships, friendships. Some of those who participated in this embryonic attempt have cut ties with relationships and ways of acting and thinking, while others continue to act within a committed orthopraxy. Each one of them seeks enrichment through the contradictions of reality and its impact; not an amorphous, aseptic reality like that of the pantheon of eminent persons or instructive stories, strung together with their ruptures and dissymmetries erased.

For some, Mneme is a denial of orthopedic mechanisms, of instrumentalizations, of deforming hierarchies, of exclusions through submission, of entrenched orthodoxies, as well as of scholarly or semi-scholarly imposition. For others it is a hassle.

The revival of a type of petty-bourgeois anarchism, of those who have been crumpled in the recesses of political organizations, or more simply-complexly the provocative attempt of the "why not" of another attitude we think is missing?

Mneme, a utopia? At least for those who believe that plans and utopias are missing. This utopia is not a closed utopia from which the world could be remade for others. It is a drop of utopia animated by stratifications, by fissures, by abandoned zones, the infinitesimal quantum of utopia an enterprise requires. Mneme, on its difficult path, will certainly not be limited to the synchrony of the demonstration, but will examine the meaning(s) of the practices, the subjects, the symbolic processes from the standpoint of their possible historical origins. Mneme, therefore, is experimentation with different practices, with a different "gaze" that is neither that of the voyeur nor that of the populist; a "gaze" from the standpoint of the "sensible". It is not the new society of observers of the class struggle. It is an attraction to the embattled trivial, an appeal to a type of journey to the otherness of the demonstration. The demonstration is emergence, a display, but of what exactly, a struggle against, a struggle for, and not only, and the demonstrating body? All of us are or will be involved, inside and out, in this contradiction that will be explored. We are not concerned with a supposedly objective, neutral, total detachment, just as we are not concerned with cold, closed analyses. The question always: what about him or her in the midst of all this? He, the young trade unionist who came to Paris to shout his violence, she, who stands up against her macho trade unionist husband.

Therefore, Mneme will also be the site of confrontations, confrontations that reveal differences, sensibilities, an overused term, a marginal practice, which will be tested collectively, a practice of deviation, because of difference as well as of controversy.

It will not be the anecdotal, nor the anthology, nor the pious, nor the progressive conservatism of disappointed combatants or non-combatants who resort to an aestheticism, to an outside, comfortable, exoticized, inquisitive or self-assured. Mneme is a misstep. We all come up with our own stories, practices, money, desires, fantasies, as long as, one with photography, another with sound, a third with a pen, a fourth with plastic, paying attention to these strange alterities, he or she does not exclude anyone from anything. An attempt to open up a new space, a space where "we can still breathe"? Perhaps. The risk of these alternative practices with humor as well [...] If, by chance some institution, some organization were interested in these trials-designs, it would risk, in exchange for any help, the possibility of discord, or it would come into conflict with our cheerfulness, with our differences that raise questions. As for our "objects" to get back to the point, there is no other principle than these surface cracks of the social body, of the "civiltà"-decorum. Larzac, and its suppression, does not belong to a lesser or less valid mobilization than the steelworkers' "great" march in Paris. In any case, speech, like the way it is orchestrated [...]. Some of us are disgusted by how it is forgotten, this language, which appeared in 1968, and also afterwards, in the street, the factories, the universities, the offices. Where are the traces of this identity, where is the red flag wrapped around the statue of Eugène Schneider in Creusot Square? Where is this memory of the struggles, this inventiveness of the forms of resistance? In the memories, in the codes of organized practices, in the bookkeeping calculations of the class struggle, in police checkpoints, in the depths of private or public archives?

However, Mneme will not serve as the storeroom of the epic of the demonstration, an anthology where the epic would be obligated to parade in close order, one image after another. These are not our images, images of emblematized bodies that demonstrate, images of new ways of organizing, images of violence, images of solidarity, images of a transformed urbanity. Regarding violence, a taciturn bearded fellow "working" on the history of the forms of violence[1] has already enriched Mneme. The fragments of the demonstration of the communist women, as well as that of the women who "see red" were also carried to Spain by a hybrid individual, not exactly Spanish nor exactly Italian, not exactly French but perhaps a little Swiss.[2] An open critical field, the one who scribbles, the woman who plays with the camera, the woman who campaigns for a feminine issue, these diversities that are already acting for some diversity. Mneme, a network of associations, the organizers are not on one side, the women on the other, the technicians of the image or decryption on yet another, all depending on a dominant prototype. The common good will be our starting point, a specific way of acting of the ethnological. Everyone will be tested in different practices; in the functions these entail. Some will end up with a stiff back, spending several hours in a photographer's workshop; there will be those who are crazy about sound or form. A trial that, therefore, involves something like an investment, including the literal one, and which begins with an art of the "march" where we might take a punch, be targeted by demonstrators, not without reason. In short, an uncertain script. An anthology, according to a critic at the exhibition, or any other form, more alive, of an unfinished objectification, individual or collective (we already have some spectacular examples), a path to explore strewn with lessons, with surprises, in front of what is still the asymmetry between our gaze and its objects. Mneme inhabits a margin, an obviously uncomfortable one. This is not a new vehicle for observing social changes, whether scholarly or interrogatory. It is not a microscope device, it is not authenticity, shock shows that resemble imitations, it is not the journalistic exercises we are familiar with, that encode the social with distortions, with eye-catching impressionistic articles that attract attention or with omissions. What might these encodings-suppressions of the narratives of the demonstration mean? An extensive, excessively simplifying reduction in which the symbolisms of these narratives are truncated, crushed, erased. Many require an active memory, a critical memory that will not be the perfect mirror that reflects everything, the forms of its reflections must be invented. Pignon gives us an idea. Finally, let us dialectize the past, all of us concocting things, each one in his/her own way, and may the current sauce acquire new flavors.

For Mneme
Yvette Izabel – Serge Collet
April 13, 1979

1 *A reference to Marcel Scheer, a member of the Mneme Group (T.N.).*

2 *A reference to José Cordon, a member of the Mneme Group (T.N.).*

ΙΔΡΥΜΑ ΠΑΝΑΓΙΩΤΗ & ΕΦΗΣ ΜΙΧΕΛΗ

Το 1979 η Έφη Μιχελή ίδρυσε το Ίδρυμα Παναγιώτη και Έφης Μιχελή, στο οποίο κληροδότησε όλη την κινητή και ακίνητη περιουσία της. Το Ίδρυμα αποτελεί Νομικό Πρόσωπο Ιδιωτικού Δικαίου και έχει σκοπό τη μελέτη, προαγωγή και διάδοση της αισθητικής, της φιλοσοφίας της τέχνης και των αισθητικών θεμάτων γενικά, θέματα τα οποία είχε με πάθος και σοφία υπηρετήσει ο Παναγιώτης Μιχελής.

Ο σκοπός αυτός επιτυγχάνεται με διάφορα μέσα, όπως τη λειτουργία Βιβλιοθήκης Αισθητικής, επιστημονικές εκδόσεις, συνέδρια, σεμινάρια, διαλέξεις και καλλιτεχνικές εκθέσεις, τη Θέση Μιχελή στο Πανεπιστήμιο Κρήτης για τη διδασκαλία της Αισθητικής, και, τέλος, χορηγίες σε πολιτιστικούς και επιστημονικούς φορείς με παράλληλους σκοπούς.

Το Ίδρυμα Μιχελή στεγάζεται στην Αθήνα, στην πολυκατοικία της Λεωφόρου Βασιλίσσης Σοφίας 79, η οποία σχεδιάστηκε από τον Παναγιώτη Μιχελή.

Στο ίδιο κτήριο λειτουργούν η Βιβλιοθήκη Αισθητικής του Ιδρύματος, που είναι ανοικτή για το κοινό, καθώς και η Αίθουσα Εκθέσεων και Εκδηλώσεων, όπου εκτίθενται μόνιμα έργα ναΐφ ζωγραφικής τόσο της Έφης Μιχελή όσο και άλλων Ελλήνων ναΐφ ζωγράφων από τη Συλλογή του Ιδρύματος και παράλληλα πραγματοποιούνται διαλέξεις και περιοδικές εκθέσεις.

THE PANAYOTIS & EFFIE MICHELIS FOUNDATION

Effie Michelis established the Panayotis and Effie Michelis Foundation in 1979.The Foundation is a legal entity of private law. Its mandate is to study, promote and disseminate aesthetics and the philosophy of art.

The Foundation fulfils its mandate through a variety of activities, including the Library of Aesthetics; scholarly publications; conferences, seminars, lectures and art exhibitions; the Michelis Chair of Aesthetics at the University of Crete and, finally, funding cultural and academic organisations that share its mission.

The Foundation is headquartered at 79, Vassilissis Sofias Avenue in Athens, in an apartment building designed by Panayotis Michelis.

Also housed in this building are the Foundation's Library of Aesthetics, which is open to the public, and the Exhibition and Events Hall. In addition to Effie Michelis' own paintings, works by other Greek naïf artists, donated to the Foundation to enrich the Greek Naïve Art Collection, are on permanent display in the Hall. Temporary exhibitions, lectures on aesthetics, architecture, the philosophy of art, and art in general are regularly held at this venue.